BRUXARIA DA TERRA

Título do original: *The Witch of the Forest's Guide to Earth Magick*.

Publicado pela primeira vez em 2022 pela Leaping Hare Press, um selo da TheQuartoGroup.

The Old Brewery, 6 Blundell Street – Londres, N7 9BH, Reino Unido

Fone (0) 20 7700 6700

www.Quart.com

1ª edição 2025.

Capa e ilustrações interiores de Viki Lester da Forensics & Flowers.

Design de Georgina Hewitt.

Impresso na China.

Editor: Adilson Silva Ramachandra
Gerente editorial: Roseli de S. Ferraz
Gerente de produção editorial: Indiara Faria Kayo
Preparação de originais: Marta Almeida de Sá
Editoração eletrônica: Join Bureau
Revisão: Erika Alonso

Dados Internacionais de Catalogação na Publicação (CIP)
(Câmara Brasileira do Livro, SP, Brasil)

Squire, Lindsay
Bruxaria da Terra: conecte-se com o poder dos quatro elementos e domine a prática da magia natural / Lindsay Squire; tradução Carolina Itimura de Camargo; ilustrado por Viki Lester. – 1. ed. – São Paulo: Editora Pensamento, 2025.

Título original: The witch of the forest's guide to earth magick
ISBN 978-85-315-2416-5

1. Bem-estar 2. Bruxaria 3. Magia 4. Quatro elementos (Filosofia) I. Lester, Viki. II. Título.

25-247585 CDD-133.43

Índices para catálogo sistemático:
1. Bruxaria: Magia: Ocultismo 133.43
Cibele Maria Dias – Bibliotecária – CRB-8/9427

Direitos de tradução para o Brasil adquiridos com exclusividade pela EDITORA PENSAMENTO-CULTRIX LTDA., que se reserva a propriedade literária desta tradução.
Rua Dr. Mário Vicente, 368 – 04270-000 – São Paulo – SP – Fone: (11) 2066-9000
http://www.editorapensamento.com.br
E-mail: atendimento@editorapensamento.com.br
Foi feito o depósito legal.

MISTO
Papel | Apoiando uma gestão florestal responsável
FSC® C016973

BRUXARIA DA TERRA

Conecte-se com o Poder dos Quatro Elementos e Domine a Prática da Magia Natural

Tradução
Carolina Itimura de Camargo

LINDSAY SQUIRE
ilustrado por VIKI LESTER

Editora Pensamento
SÃO PAULO

SUMÁRIO

MINHA HISTÓRIA

Os bosques e as florestas ao redor do lar da minha infância exerceram um papel fundamental na formação da minha Prática, muito antes de eu ter consciência dela.

Desde bem jovem, eu sentia uma forte atração pela natureza e pela Terra e passava muitas manhãs de domingo caminhando pelas florestas com meu pai. Sempre voltava para casa com os bolsos cheios de itens que havia encontrado no caminho: penas, folhas e flores para colocar na minha prensa, uma ou outra pedra que me sentira compelida a coletar e levar para casa comigo e iguarias sazonais, como nozes ou castanhas. É engraçado ver como as coisas não mudaram muito; depois de um passeio na floresta, eu ainda chego em casa com todos os tipos de lembrancinhas naturais que coletei no caminho!

A magia é uma forma maravilhosa de nutrição do ser, que nos conecta com as energias da Terra ao nosso redor e nos ensina a nos conectarmos com nossas próprias energias num nível mais profundo. Conforme for aprendendo mais sobre a Prática, você descobrirá muito mais sobre si mesmo. Quando comecei minha jornada de Bruxaria, há mais de uma década, praticava em segredo, ou no "armário das vassouras". Durante esse período no armário das vassouras, minha conexão com a Terra foi extremamente importante. Uma simples caminhada na floresta nas proximidades de onde eu morava na época, ou simplesmente andar com os pés descalços no jardim se tornaram rituais profundos e significativos.

Por muitas razões, eu não podia exercer as Práticas como queria, mas podia nutrir minha conexão com o mundo natural, e isso fortaleceu a minha conexão com a Terra. Foi essa conexão e essa relação que me inspiraram para que eu escrevesse esta obra, assim como meu primeiro livro, *Bruxaria Verde*. Espero que, juntos, estes livros auxiliem os leitores tanto com conhecimentos dos princípios básicos de Bruxaria como também com a autoconfiança para incorporá-los em sua própria prática e usá-los para aprofundar sua conexão com o mundo natural.

Onde quer que se encontre em sua própria jornada, espero que este livro seja útil em seu caminho.

Para mim, é uma verdadeira honra poder continuar caminhando ao seu lado, em sua jornada, assim como você tem trilhado ao meu lado na minha.

Lindsay

O QUE É PRECISO SABER ANTES
de embarcar em sua jornada neste livro

Sua energia é a ferramenta mais importante para seu crescimento

Tudo é feito de energia – o chão sob nossos pés, assim como o mundo natural ao nosso redor. Nós temos nossa própria energia interna, que é essencial à prática da Bruxaria. Aprender a controlá-la nos permite ter domínio sobre nossa mente, nosso corpo e nosso espírito. Embora leve algum tempo, aprender a dominá-la talvez ajude na transformação de sua jornada de Bruxaria e no seu desenvolvimento pessoal. É preciso apenas contar com sua energia e sua disposição para aprender.

Cuidar da sua energia é uma parte vital da Bruxaria

Este livro é focado no modo como a conexão com as energias da Terra pode nos ajudar a compreender nossa energia e nos conectar com ela. Cuidar da própria energia é uma parte vital, que orienta nossa Prática e determina sua eficácia, sendo uma forma essencial de autocuidado, uma vez que ela é a ferramenta mais importante e necessária ao crescimento e à transformação da sua jornada de Bruxaria.

Encarar suas energias de luz e de trevas fortalecerá sua prática

Confrontar suas sombras e os sentimentos e pensamentos que você vem tentando ignorar pode agir como um trampolim para o autoconhecimento e a autocompreensão num nível mais profundo. Isso não só é importante para o crescimento e o desenvolvimento pessoal como também enriquece a prática de Bruxaria. Embora não haja promessa de que a jornada seja fácil, ela vale a pena! Conhecer melhor seu lado sombrio fortalece seu senso de intuição e ajuda a identificar melhor quem você é como Bruxa e a encontrar o melhor caminho para você.

TODOS NÓS TEMOS NOSSAS PRÓPRIAS ESTAÇÕES E ENERGIAS SINGULARES

Todos nós vivenciamos fluxos e refluxos de energia singulares. Às vezes, nossa energia não está sincronizada com as estações do mundo natural, os ciclos da Lua ou os Sabás. Isso não significa que não temos uma boa conexão com a Lua ou com a Natureza, ou que somos Bruxas piores por nos sentirmos assim – isso só mostra que temos nosso próprio ciclo de energia, e ele representa uma oportunidade de nos conectarmos com ela e compreender melhor nossas necessidades em determinado momento.

NÃO PRECISAMOS FLORESCER O ANO TODO

O mundo é um lugar agitado. Podemos ser arrastados por uma onda que nos exige dar o melhor de nós mesmos o tempo todo, 365 dias por ano. No entanto, assim como no mundo natural, não há problema em fazer uma pausa para descansar se sua energia estiver baixa. Há quatro estações para que a Natureza consiga descansar e se restaurar depois de toda a vida e o crescimento que a primavera e o verão trazem. Seguir o exemplo da Mãe Natureza, reservando um tempo regular para descansar, recarregar e renovar as energias. Trata-se de uma postura muito saudável não apenas para o corpo, mas também para a mente e o espírito.

1

LANÇANDO UM CÍRCULO E OS FUNDAMENTOS BÁSICOS DE RITUAIS

Quando se trata de lançar feitiços ou fazer um ritual, há alguns elementos básicos a considerar antes de começar. Práticas como formar um círculo e invocar os elementos podem ajudar a concentrar a energia reunida com suas atividades mágicas.

É importante saber que nem todas as tradições mágicas usam círculos ou invocam os elementos. Isso depende de qual vertente de Bruxaria se está seguindo. Se você não segue uma tradição específica, deve avaliar para definir se essas práticas parecem corretas ou adequadas a você. Neste capítulo, compartilho métodos para formar um círculo e invocar os elementos, além das teorias por trás de tais práticas, para que você tenha informações suficientes que lhe possibilitem decidir se gostaria de adotá-las ou não.

Cuidados pós-feitiço também são muito importantes, e é fundamental cuidar de si e da própria energia. É comum se sentir esgotado depois de um feitiço ou um ritual, portanto, é bom saber o que fazer para restaurar a energia e atingir um senso de equilíbrio. Com o tempo, será possível observar quais técnicas funcionam melhor e quais não funcionam. É essencial fazer o que parecer melhor para você e procurar descobrir o que recarrega a sua energia.

BRUXARIA *e Ética*

A prática de Bruxaria em si, enquanto caminho espiritual, não é governada por um conjunto específico de crenças ou um código moral único e universal. Há muitas vertentes e tradições diferentes de Bruxaria, cada uma com suas próprias práticas e seus princípios éticos.

Considero importante começar a descobrir onde você se enquadra em termos de ética antes de começar a lançar feitiços ou fazer rituais. Pretende seguir o código de ética de uma vertente específica de Bruxaria, guiando-se por ele, ou seguirá seu próprio código moral baseado no que parecer correto ou não, independentemente da tradição? Não há resposta certa ou errada, só o que parece correto para cada um de nós.

LEI TRÍPLICE E A REDE WICCANA

Os wiccanos acreditam na Lei Tríplice e na Rede. A Lei Tríplice é simples: aquilo que enviamos ao Universo, seja negativo ou positivo, voltará a nós em triplo. Se usar sua magia para um propósito negativo, eventualmente, a energia negativa enviada voltará de alguma maneira e terá um impacto negativo em sua vida. A Lei Tríplice faz parte da Rede Wiccana, que é o principal sistema moral de prática de magia para os wiccanos e alguns neopagãos. A Rede declara "Faça o que desejar, sem a ninguém prejudicar!". Ela pede que os wiccanos pensem nas consequências de suas ações e não causem mal a outras pessoas propositalmente por intermédio da magia e de meios mundanos.

OUTROS CÓDIGOS MORAIS

Existem outras vertentes de Bruxaria que não seguem a Rede ou a Lei Tríplice. Por princípio, eu não acredito na Rede. Quando eu praticava Wicca, alguns anos atrás, sempre houve um grande ponto de divergência para mim, e esse foi um dos motivos pelos quais me vi atraída pela Bruxaria tradicional e, mais tarde, pela Bruxaria eclética. Isso não significa que eu desejo usar minha magia para prejudicar outras pessoas, mas basear a minha Prática em meu próprio código moral me parece mais confortável do que ter uma regra a ser seguida. Isso vem do meu contexto cristão, pois, durante anos, eu precisei fingir seguir regras muito rígidas da Igreja enquanto realizava Bruxaria no "armário das vassouras".

Quando eu praticava a Bruxaria, queria seguir minha própria intuição e o meu próprio senso de "certo e errado". Basear a minha Prática em meu próprio código moral me deu uma liberdade espiritual que eu não experimentava havia anos e me colocou no controle total da direção que o meu caminho espiritual tomava.

Encontre seu caminho. Algumas Bruxas acreditam em karma, que é muito semelhante à Lei Tríplice. Essa crença dita que o que enviamos ao mundo, em algum momento, retorna a nós. Se essa for a sua crença, honre-a e faça o que parecer autêntico para você.

CRIE SEU
PRÓPRIO
CÓDIGO

FORMANDO UM CÍRCULO

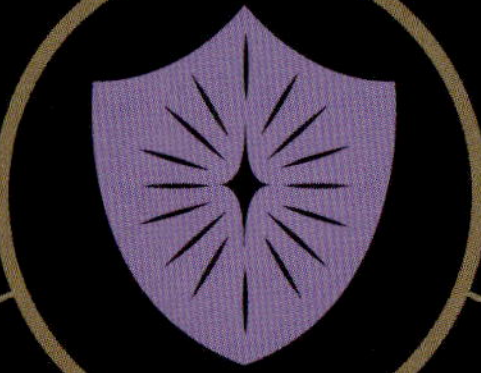

Um círculo é usado para proteção e para concentrar a energia reunida com o seu feitiço ou seu ritual em um mesmo local.

Formar um círculo é uma escolha pessoal. Não é preciso fazê-lo se não parecer certo para você.

Forme um círculo demarcando-o com sal, cascas de ovos trituradas, areia, cristais ou velas, ou trace um círculo com o dedo.

Um círculo também pode ser formado por meio do uso dos elementos.

Comece pelo Leste/Ar, siga em sentido horário e use representações físicas dos elementos na direção correspondente para traçar o seu círculo.

Quando tiver formado o seu círculo, visualize uma luz branca e intensa preenchendo o ambiente e entrando em seu corpo.

COMO LANÇAR *um Círculo*

Em geral, um círculo é lançado antes de um feitiço ou de um ritual – ele ajuda a bloquear quaisquer energias negativas ou indesejadas vindas de fora que possam afetar o praticante e suas atividades. Lançar um círculo antes de um feitiço ou de um ritual também ajuda a concentrar a energia que se acumula num espaço pequeno, impedindo que ela escape e intensificando seus efeitos.

Algumas Bruxas lançam círculos para cada feitiço e ritual que realizam, ao passo que outras lançam círculos apenas quando a magia que estão praticando demanda proteção extra, como um feitiço de banimento ou de corte de laços. Outras Bruxas nem sequer os usam. À medida que aperfeiçoar a sua Prática, será possível ter uma noção mais clara do que é melhor para você, e é importante fazer aquilo com o qual se sinta mais confortável. Veja, a seguir, duas das minhas maneiras preferidas de lançar um círculo.

LANÇAR UM CÍRCULO SIMPLES

É possível lançar um círculo demarcando-o com sal. Embora seja um método tradicional, não recomendo usar sal em ambientes externos. O sal mata plantas, insetos e pequenos animais; por isso, é melhor usar cascas de ovos trituradas ou areia. Um círculo também pode ser demarcado com cristais e velas, utilizando-se a imaginação, e até mesmo com um pedaço de barbante ou uma fita de cetim ao redor de onde a atividade será realizada. Um círculo simples pode ser demarcado com uma varinha ou com um atame (um punhal cerimonial), e pode simplesmente ser traçado com o dedo, o que é bom saber, caso um dia esteja em apuros e precise lançar um círculo de maneira rápida e fácil.

LANÇAR UM CÍRCULO USANDO OS ELEMENTOS

Comece voltando-se para o Leste e coloque uma pena, um incenso ou outro símbolo do elemento Ar num ponto sobre o chão, ao redor da área de sua atividade. Em seguida, movendo-se em sentido horário, volte-se para o Sul. Use uma vela (ou qualquer outro objeto adequado) para representar o Fogo e coloque-a no chão no ponto Sul. Depois, volte-se para o Oeste e use um copo de água para representar Água – coloque-o (ou qualquer outro símbolo de Água) no chão no ponto Oeste. Por fim, volte-se para o Norte e coloque um recipiente com terra ou outra representação dela nesse ponto ao redor da sua área de trabalho para completar o círculo.

Quando tiver posicionado todos os quatro elementos para formar o círculo, ainda voltando-se para o Norte, visualize uma luz branca energética subindo da Terra através de seus pés e entrando em seu corpo. Permita que essa luz flua a partir do seu corpo e entre no círculo, preenchendo-o. Em geral, profiro estas palavras ao final: "Os elementos do Ar, do Fogo, da Água e da Terra se unem. Lanço este círculo de proteção e poder acima, abaixo e no interior!".

COMO INVOCAR *os Elementos*

A invocação dos elementos, também conhecida como Invocação dos Quatro Cantos e Invocação dos Guardiões das Torres, é uma maneira de pedir aos quatro elementos dos quatro pontos cardeais, que são diferentes, que emprestem seus poderes aos nossos feitiços ou aos nossos rituais. Os Guardiões das Torres são guardiões dos elementos. São invocados em tradições mágicas cerimoniais e neopagãs, e compartilham as características dos elementos com os quais são associados. Não são divindades, mas figuras de outro plano, e, se pedirmos, eles podem se juntar a nós em nossas atividades mágicas e dar a elas um reforço de energia extra.

Cabe totalmente a você escolher qual nome invocar para pedir que os elementos emprestem seus poderes, caso decida invocá-los, para início de conversa. Se quiser invocar os elementos, mas não se sentir confortável para chamar os Guardiões das Torres, saiba que é possível invocar os elementos em si. Pode ser algo simples, como dizer "Elementos do Ar/do Fogo/da Água/da Terra, eu os invoco!", cada vez que colocar as representações dos elementos sobre o chão, ao lançar o seu círculo. As palavras que usamos para invocar os elementos ou os guardiões não importam muito, desde que sejam respeitosas.

Muitas Bruxas invocam os elementos começando pelo Norte, pois este representa a Mãe Terra, mas outras tradições invocam os elementos a partir do Leste, a direção do nascimento do Sol. Faça o que fizer mais sentido para você.

Quando o seu círculo estiver lançado, faça uma limpeza na área antes de começar o seu feitiço ou o seu ritual. Você pode fazer isso queimando ervas como alecrim ou zimbro, ou usando visualização ou som.

COMO INVOCAR OS ELEMENTOS

COMO ENCERRAR UM CÍRCULO
e Dispensar os Elementos

O encerramento de um círculo, também chamado de "abertura de círculo", deve ser feito depois de o seu feitiço ou ritual ter sido realizado. É conhecido como abertura de círculo porque é uma forma de liberar ao Universo toda a energia reunida por meio das suas atividades mágicas. Se tiver lançado o seu círculo utilizando apenas os elementos, o círculo é fechado utilizando-se os elementos na ordem inversa à que os invocou.

Você pode proferir as seguintes palavras para cada elemento: "Agradeço, Terra/Água/Fogo/Ar, por sua presença em meu círculo e pelo auxílio à minha magia. Se desejarem ir embora, estão livres; se quiserem ficar, serão sempre bem-vindos!". Diga essas palavras enquanto se move em sentido anti-horário, percorrendo o círculo, recolhendo as representações dos elementos usadas, uma de cada vez. Faça isso visualizando o seu círculo se abrindo conforme o encerra, elemento por elemento.

Caso tenha invocado os Guardiões das Torres, comece pelo Norte/Terra e volte pelo círculo em sentido contrário, agradecendo e se despedindo dos Guardiões, um por um, da mesma forma que fez para dispensar os elementos em si. Pode dizer algo como: "Guardiões das Torres do Norte/Oeste/Sul/Leste, espíritos da Terra/Ar/Fogo/Água, agradeço sua presença em meu círculo e o auxílio ao meu ritual. Adeus!".

Também é possível demarcar o círculo de forma física, começando pelo Norte/Terra e se movendo em sentido anti-horário, varrendo qualquer material solto como sal, cascas de ovos ou areia, ou recolhendo itens como cristais ou apagando as velas. Caso tenha usado a visualização para lançar o círculo, visualize agora o círculo se abrindo a partir do Norte/Terra e em sentido anti-horário até que esteja aberto por completo; então, visualize a luz branca para que ela seja absorvida e enviada para os seus arredores e além. Se tiver usado o dedo ou um atame para lançar o círculo, trace o círculo de novo em sentido contrário e visualize o círculo se abrindo.

Quando tiver aprendido os princípios básicos de formação e encerramento de um círculo, assim como a invocação e a dispensa dos elementos, será possível moldar a execução para que se alinhe à sua prática individual. Você pode modificar as palavras dos exemplos oferecidos aqui de uma forma que reflita a sua Prática e sua personalidade, desde que as palavras sejam respeitosas.

ENCERRANDO UM CÍRCULO

O encerramento de um círculo também é conhecido como "abertura de um círculo".

Isso porque estamos abrindo o círculo para liberar a energia coletada com nossas atividades.

Caso tenha aberto o círculo usando os elementos, comece pelo Norte/Terra e siga o círculo em sentido anti-horário.

Remova as representações dos elementos, uma de cada vez, e agradeça a eles a assistência.

Caso tenha formado o círculo usando cascas de ovos, sal ou cristais, recolha ou varra-os em sentido anti-horário.

Se tiver formado o círculo com o dedo, uma varinha ou um atame, trace o círculo de novo em sentido anti-horário, devagar.

MAGIA É UM ATO DE EQUILÍBRIO.
EQUILÍBRIO É UM ATO MÁGICO.

CUIDADOS *Pós-Feitiço*

Depois de lançar um feitiço e encerrar os trabalhos de magia, é comum ficarmos esgotados. Não é raro nos sentirmos fisicamente indispostos depois de completar um ritual. Dores de cabeça, exaustão, ansiedade e um sentimento de "estranheza" energética e física são sintomas comuns. Isso não ocorre apenas com quem está começando a sua jornada de Bruxaria; também pode acontecer com as Bruxas mais experientes. Ao longo dos anos, com certeza, passei por muitos episódios em que não me senti muito bem depois de executar um feitiço. Entretanto, a boa notícia é que podemos fazer algo a esse respeito!

Em geral, a principal razão pela qual talvez nos sintamos assim depois de efetuar um feitiço está relacionada ao fato de tê-lo realizado quando a nossa energia não estava equilibrada de forma adequada. Isso tudo envolve conhecer a própria energia e saber quando ela precisa ser revigorada. Para evitar sentimentos desse tipo, é importante fazer uma limpeza em si mesmo e se aterrar de maneira correta antes e depois de executar um feitiço.

Para fazer uma limpeza em mim mesma, tanto antes quanto depois de um feitiço ou ritual, minhas ervas preferidas são lavanda, alecrim e agulha de pinheiro, mas também há muitas outras que podem ser usadas. Você pode queimá-las como incenso natural sobre um disco de carvão, ou, como prefiro, amarrá-las num maço com um barbante e acender a ponta para que forme uma brasa. Queime o suficiente para que você consiga ser envolvido pela fumaça da cabeça aos pés – isso também fará uma limpeza no ambiente e nas energias presentes. Você também pode fazer uma limpeza com som, por exemplo, com o soar de um sino agudo, ou com luz, talvez acendendo uma vela branca ou permanecendo à sua luz até que sinta seu corpo, sua mente e seu espírito mais leves.

Aterrar-se também é importante, para que as energias não estejam desequilibradas quando você iniciar seu feitiço, e depois, para assegurar que, caso o feitiço afete sua energia, por algum motivo, possa reequilibrá-la antes que isso tenha um efeito negativo sobre você. Use o exercício de aterramento disposto na p. 170 antes e depois do feitiço.

Tente também pôr em prática este método simples, que usa os cincos sentidos. Sente-se num lugar confortável, olhe ao redor e identifique o seguinte: cinco elementos que possa ver, quatro elementos que possa sentir, três elementos que possa escutar, dois elementos que possa cheirar, um elemento que possa saborear. Esse método traz a mente ao presente e ajuda a reequilibrar a sua energia. Vá no seu tempo – não tenha pressa. Às vezes, também gosto de fazer um ritual de reequilíbrio com um banho de sal, alecrim, lavanda e *patchuli* depois de executar um feitiço que tenha me esgotado.

2

OS QUATRO ELEMENTOS

Os quatro elementos clássicos – Terra, Ar, Fogo e Água – exercem um papel fundamental na prática e nas crenças da Bruxaria. Estão no núcleo de toda a existência e, juntos, compõem as energias terrenas da natureza que afetam todo e cada ser vivo no planeta. São as forças da própria Mãe Natureza. Por meio da nossa relação com os elementos, podemos fortalecer e aprofundar a conexão com a Mãe Terra e com o mundo natural.

Conectar-se aos elementos de forma individual ou coletiva pode trazer muitos benefícios, tanto mundanos quanto mágicos. Os elementos também ajudam no aterramento e no equilíbrio de nossas energias, melhoram nosso senso de bem-estar e podem ser usados como ferramentas de autocuidado. Com base no nosso signo do zodíaco, todos nós nascemos sob o domínio de um dos quatro elementos, mas isso não significa necessariamente que esse seja o elemento com o qual sentimos uma conexão mais forte. Este capítulo o ajudará a se conectar aos quatro elementos de modo individual, por meio de um conjunto de feitiços e rituais simples selecionados do meu grimório.

COMO CONSAGRAR UTILIZANDO OS ELEMENTOS

INÍCIO

1. Acenda um incenso, que simboliza o elemento Ar, e uma vela para simbolizar o Fogo.

2. Pegue o objeto que deseja consagrar e coloque-o numa tigela com terra ou sal, ou polvilhe a terra ou o sal sobre a tigela enquanto se concentra nas qualidades da Terra – estabilidade, praticidade e segurança.

3. Isso pode ser feito em silêncio, ou invocando-se cada elemento. Por exemplo, "Energias da Terra, eu consagro este objeto (diga o nome do objeto) e carrego-o com seus poderes. Eu o purifico e o torno meu".

4. Passe o objeto pela fumaça do incenso, que representa o Ar, e se concentre nas qualidades dele – intelecto, lógica e comunicação.

5. Passe o objeto pela chama da vela e se concentre nas qualidades do Fogo – inspiração, criatividade e paixão.

6. Por fim, borrife água sobre o objeto consagrado enquanto pensa nas qualidades da Água – intuição, emoção e percepção.

7. Encerre com estas palavras, se quiser: "Pelos poderes da Terra, do Ar, do Fogo e da Água, consagro este objeto (diga o nome do objeto). Torno-o novo, torno-o meu!".

FIM

COMO CONSAGRAR
Utilizando os Elementos

O ato de consagração é usado para purificar objetos e ferramentas – como um atame, um boline (punhal de cabo branco para rituais) ou um caldeirão – e eliminar energias indesejadas, preparando-os para o uso durante atividades mágicas. Em sua essência, a consagração é uma limpeza profunda, que deve ser feita antes de você alinhar a sua energia à energia da ferramenta. Essa limpeza também prepara a ferramenta para que você possa trabalhar e interagir com o divino, não importa que forma ele tenha para você: deuses, deusas, o Universo ou a própria Mãe Natureza.

A consagração é usada em diversas tradições mágicas, como o neopaganismo, incluindo a Wicca, e alguns caminhos ecléticos, mas nem todas as vertentes de Bruxaria exigem que as ferramentas sejam consagradas antes de serem usadas. Alguns praticantes acreditam ser suficiente o ato de direcionar a própria energia e sua intenção para a ferramenta como parte de um feitiço ou um ritual; por isso, a decisão de usar a consagração em sua Prática é só sua, se você se sentir confortável em fazê-lo.

Minha maneira preferida de consagrar ferramentas é usar os quatro elementos, pois, a cada vez, isso ajuda a fortalecer minha conexão com o poder dos elementos em si e com o mundo natural mais amplo. É necessário apenas escolher objetos ou substâncias que sejam representações físicas dos elementos, como terra ou sal para a Terra, incenso para o Ar, uma vela para o Fogo e um copo de água para a Água, por exemplo.

Atenção! *Jamais deixe uma vela acesa sem supervisão, e sempre mantenha velas acesas fora do alcance de crianças e animais de estimação. Mantenha sempre as velas em posição vertical, sobre uma superfície segura e resistente a altas temperaturas, e mantenha velas separadas entre si e longe de fluxos de ventilação, materiais inflamáveis, fontes de calor e objetos pendentes.*

TERRA

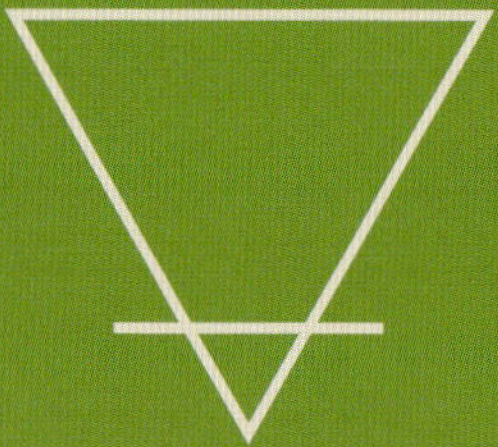

CRISTAIS
ágata muscínea, aventurina verde, cornalina, diamante, esmeralda, fluorita, jade, jaspe (menos o vermelho), malaquita, olho de tigre, turmalina

TEMAS DA TERRA
estabilidade, praticidade, segurança, confiabilidade, firmeza, força, lealdade, finanças, fortuna, mundo material, certeza, questões de saúde, o corpo, os sentidos

ERVAS E PLANTAS
agulhas de pinheiro, artemísia, camomila, cipreste, espinheiro-branco, folhas de louro, jacinto, jasmim, madressilva, manjericão, musgo de carvalho, *patchuli*, prímula, verbena

SIGNOS DO ZODÍACO
Touro, Virgem, Capricórnio

NAIPE DO TARÔ
Ouros

CORES
verde, marrom

PONTO CARDEAL
Norte

ESTAÇÃO
outono

FERRAMENTAS
sal, ervas, cristais, terra

MAGIA DA *Terra*

A Terra é o chão sobre o qual nos apoiamos e construímos nosso lar. É uma fonte de vida para todo ser vivo no planeta. Ela apoia, sustenta e estabiliza. O solo é onde ocorre o ciclo infinito da colheita. Não é surpresa que o elemento da Terra seja associado à estabilidade, à força, à segurança, à produtividade, à abundância e à prosperidade. A Terra não é apenas o chão sob nossos pés; ela também se compõe das árvores, das rochas, das cavernas, dos campos e dos cristais, bem como da fauna e da flora ao nosso redor.

A Terra está conectada aos signos de Touro, de Virgem e de Capricórnio, pois estes são pragmáticos, metódicos e valorizam a estabilidade – essas são características do elemento em si. A Terra também é associada ao naipe de Ouros do baralho de tarô, porque é o naipe que representa os temas da Terra, como fortuna, saúde e o mundo material.

RITUAIS PARA CONECTAR-SE À TERRA

Conectar-se ao elemento Terra traz muitos benefícios mundanos e mágicos. O primeiro deles é o efeito de aterramento que a Terra pode produzir, que pode ter um impacto profundo sobre nosso bem-estar mental, físico e espiritual. Caminhar com os pés descalços ou deitar-se no chão sobre a terra é uma forma simples e fácil de se aterrar. Fazer uma caminhada e passear em meio à natureza é outra. Até mesmo andar por sua vizinhança – observando os jardins, as jardineiras nas janelas e nos vasos – pode ter o mesmo impacto de aterramento.

Outra maneira de se conectar ao elemento Terra é cultivar algo desde a semente, ou replantar algo já mais desenvolvido no seu jardim, como mudas. Se você não tem um jardim, pode cultivar algo num vaso ou numa jardineira. É uma oportunidade de ter contato com a terra e sentir o solo entre os dedos enquanto cuida das plantas e observa suas sementes crescerem.

É fácil incorporar o elemento Terra em sua forma física num altar, e essa é uma ótima maneira de começar a desenvolver uma relação com esse elemento. Caso já tenha um altar, ou queira fazer um especificamente para a Terra, use itens como cristais, rochas, flores, folhas e musgo, ou até mesmo uma tigela com terra ou sal para se conectar ao elemento Terra, ou deixe à mostra uma carta de tarô do naipe de Ouros.

Você pode usar seu altar como um auxílio à meditação. Dedique 10 minutos por dia para interagir com os elementos, talvez segurando os cristais ou colocando os dedos dentro de uma tigela com terra. Outra ótima maneira de se conectar com as energias terrestres é fazer uma mistura do seu próprio incenso para queimar durante a meditação, usando ervas e flores alinhadas a esse elemento. Uma mistura que adoro é de duas partes de agulhas de pinheiro, uma parte de *patchuli*, uma parte de flores de madressilva, uma parte de cipreste e uma pitada de sal.

SAQUINHO DE FEITIÇO DA TERRA *para a Prosperidade*

O elemento Terra pode ser usado de diversas formas mágicas. É costume enterrar os restos dos feitiços e dos rituais no final dos trabalhos com magia. Devolvê-los à terra é uma forma de concluir um feitiço. Se for enterrar os restos de um feitiço, procure enterrar apenas os ingredientes biodegradáveis, como cinzas de incenso, papel, ervas e flores. Eu uso um pequeno vaso cheio de terra, com tampa, em que não tenho nada plantado, para enterrar itens não biodegradáveis como cera de velas e restos dos feitiços como sal, que fariam mal ao meio ambiente. O elemento Terra também é purificante. Enterrar um objeto no chão por 24 horas remove quaisquer energias negativas ou indesejadas atreladas a ele.

SAQUINHO DE FEITIÇO DA TERRA PARA A PROSPERIDADE

- 1 saquinho de tecido;
- 1 ou mais das seguintes ervas: camomila, folhas de louro, manjericão, menta, tomilho;
- 1 ou mais dos seguintes cristais: aventurina verde, citrino, jade, malaquita;
- papel e caneta;
- moedas (moedas do seu país).

MÉTODO

1. Concentre-se no tipo de prosperidade que gostaria de atrair. Pense em como se sentiria ao receber essa abundância. Mantenha suas intenções realistas e lembre-se de que é importante fazer tudo o que estiver ao seu alcance num nível prático para atrair a prosperidade desejada.
2. Faça uma limpeza no saquinho e, em seguida, pegue uma pitada generosa de cada erva e coloque dentro dele.
3. Realize uma limpeza nos cristais e, depois, adicione-os ao saquinho.
4. Na folha de papel, escreva sobre o tipo de prosperidade desejada. É ajuda para conseguir um novo emprego ou uma promoção? Precisa de dinheiro para pagar as contas ou para algo específico? Quando tiver terminado, dobre o papel de modo que fique pequeno o bastante para caber dentro do saquinho.
5. Por fim, adicione algumas moedas, depois de também fazer uma limpeza nelas.
6. Amarre o cordão do saquinho e garanta que seu conteúdo fique seguro dentro dele. Ao fazer isso, pode repetir estas palavras três vezes (ou modificá-las para que se ajustem às suas necessidades): "Dinheiro cresce, dinheiro resplandece; prosperidade vence, prosperidade me pertence!".
7. Carregue o saquinho consigo, junto à carteira, até que o feitiço se realize e você tenha atraído a prosperidade que almejava. Devolva os ingredientes biodegradáveis à terra, enterrando-os no solo. Faça uma limpeza nos cristais, deixando-os prontos para serem usados de novo.

vou trabalhar por
uma promoção

AR

CRISTAIS
ágata, âmbar, ametista, água-marinha, calcedônia azul, citrino, crisocola, fluorita, jaspe, pedra-pomes, quartzo transparente, turquesa, topázio

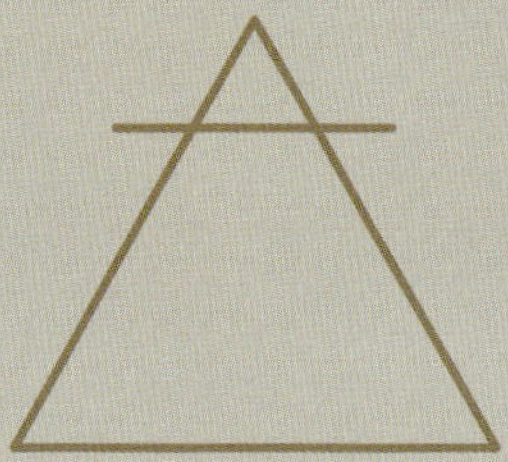

TEMAS DO AR
comunicação, intelecto, lógica, movimento, razão, pensamento, conhecimento, objetividade

ERVAS E PLANTAS
alcaravia, benjoim, canela, capim-limão, cravo, dente-de-leão, erva-cidreira, lavanda, menta, manjerona, olíbano, pinha, salsinha, sálvia

SIGNOS DO ZODÍACO
Gêmeos, Libra, Aquário

NAIPE DO TARÔ
Espadas

CORES
branco, azul, amarelo, roxo

PONTO CARDEAL
Leste

ESTAÇÃO
primavera

OBJETOS
sinos, carrilhões, fragrância, fumaça, penas

MAGIA DO *Ar*

O Ar é invisível e, mesmo assim, está presente em todos os momentos de nossa existência. Sem ele, nem sequer existiríamos. O Ar é a força vital para todo e cada ser vivo no planeta e, ao mesmo tempo, também pode ser incrivelmente destrutivo na forma de tempestades, vendavais e furacões. Na Prática, é representado por pássaros, penas e ferramentas mágicas como varinhas, incenso, sinos e música.

O Ar está conectado aos signos de Gêmeos, Libra e Aquário, pois estes compartilham as características de intelecto e comunicação. O Ar também é associado ao naipe de Espadas no baralho de tarô, pois representa os temas do Ar – de intelecto e conhecimento.

RITUAIS PARA CONECTAR-SE AO AR

Usar a respiração é uma das formas mais fáceis de se conectar ao elemento Ar. Sente-se num lugar tranquilo, onde não será perturbado, e concentre-se na respiração: inspire por 2 segundos e expire por 2 segundos; depois, inspire por 3 segundos e expire por 3 segundos. Siga esse padrão até chegar a 10, observando o fluxo de ar fresco ao inspirar e de ar quente ao expirar. Pode ser benéfico visualizar o ar fluindo para dentro e para fora com cores diferentes. O melhor de tudo é que isso pode ser feito a qualquer momento e em qualquer lugar e, se praticado com frequência, nos conecta de maneira mais profunda com o elemento Ar.

Outra forma simples de se conectar é incorporar o elemento Ar ao seu altar ou criar um altar dedicado exclusivamente a esse elemento. Podemos usar cristais, objetos e ervas citados na ilustração da página anterior, assim como imagens de criaturas voadoras como libélulas, fadas e borboletas.

Queimar uma mistura de incenso alinhada às energias do Ar é uma ótima maneira de interagir com esse elemento e seu livre movimento de energia, conforme observamos a fumaça subindo e rodopiando lentamente. A fumaça do incenso mostra que o Ar não é uma entidade fixa como a Terra, mas representa movimento e fluidez, e, assim como a fumaça do incenso se dissipa de modo rápido, os feitiços que invocam os poderes do Ar, em geral, têm efeitos de curto prazo.

Gosto muito de fazer meu próprio incenso usando partes iguais de benjoim, lavanda, erva-cidreira e hortelã. Use o incenso e as representações do Ar no seu altar para ajudar na sua meditação e fique sentado em silêncio durante 10 minutos por dia pensando nas qualidades do Ar, observando a fumaça e sentindo o fluxo da sua respiração. Toque carrilhões, sinos ou uma música adequada, se isso ajudar a sua conexão.

POTE DE FEITIÇO DO AR *para a Comunicação*

O vento pode ser usado para fazer uma limpeza em si mesmo de tudo o que não se alinha ao seu bem maior. Fique em pé no seu jardim ou num espaço aberto como um parque e, se sentir o vento, visualize-o soprando para longe quaisquer energias indesejáveis. Erga os braços bem abertos se quiser e se se sentir confortável em fazê-lo. É possível fazer uma limpeza em itens como cristais e ferramentas da seguinte maneira: simplesmente deixe-os no jardim, em segurança, mas expostos ao vento pelo tempo que for necessário para a limpeza. Quando sentir que um objeto está carregado e pesado no aspecto energético, é preciso fazer uma limpeza. Após a limpeza, a energia atrelada a ele ficará mais leve e mais límpida.

O vento também pode ser usado para encerrar um feitiço e devolver à terra os ingredientes biodegradáveis de um ritual. Itens como cinzas de incenso ou ervas podem ser devolvidos à Mãe Natureza sendo lançados ao vento. Apenas certifique-se de lançá-los de modo que o vento os sopre para longe de você, e não em sua direção!

POTE DE FEITIÇO DO AR PARA A COMUNICAÇÃO

Vamos precisar de:

- 1 pote limpo (de qualquer tamanho);
- 1 ou mais das seguintes ervas: alecrim, canela, dente-de-leão, erva-cidreira, hortelã;
- 1 ou mais dos seguintes cristais: calcedônia azul, crisocola, quartzo transparente, turquesa;
- papel e caneta;
- uma vela amarela.

MÉTODO

1. Forme um círculo e invoque os elementos, caso se sinta confortável em fazê-lo.
2. Use um pote limpo e seco, depois de ser feita a limpeza nele, e, ao adicionar os ingredientes, concentre-se nas suas intenções de abrir vias de comunicação melhores com as pessoas em sua vida. Visualize como será quando você começar a comunicar seus desejos, suas necessidades e ideias de forma mais clara aos outros.
3. Adicione as ervas ao pote. Certifique-se de que todas as ervas estejam completamente desidratadas antes de usá-las, para que os conteúdos não mofem.
4. Adicione os cristais, depois de fazer a limpeza deles, e coloque-os sobre as ervas.
5. Se quiser e se fizer sentido para você, descreva de forma detalhada num papel de que modo gostaria de se comunicar melhor. Quando tiver terminado de escrever, dobre o papel e adicione-o ao pote.
6. Quando finalizar o feitiço em seu pote, tampe-o. Acenda uma vela amarela e pingue a cera ao redor da tampa para lacrá-lo completamente e encerrar o feitiço.
7. Mantenha o pote no cômodo em que você passa mais tempo com outras pessoas, para agir como um lembrete que fortalecerá as intenções colocadas nele. Se o pote for pequeno o suficiente, mantenha-o consigo durante o dia, para que ele faça a sua mágica.

FOGO

CRISTAIS
cornalina, granada, heliotropo, jaspe vermelho, opala de fogo, pirita, rodocrosita, rubi

TEMAS DO FOGO
paixão, movimento, força, ação, poder, força de vontade, coragem, sexualidade, desejo, destruição

ERVAS, PLANTAS E ESPECIARIAS
açafrão, calêndula, canela, coentro, cominho, cravo, gengibre, limão, limão siciliano, manjericão, olíbano, papoula, pimenta-da-jamaica, urtiga-laranja, zimbro

SIGNOS DO ZODÍACO
Áries, Leão, Sagitário

NAIPE DO TARÔ
Paus

CORES
vermelho, amarelo, laranja, dourado

PONTO CARDEAL
Sul

ESTAÇÃO
verão

FERRAMENTAS
atame, velas, espada, varinha, adaga, chamas

MAGIA DO *Fogo*

O elemento Fogo, representado pelo Sol e por seu calor, possibilita a nossa existência neste planeta. Sem seu calor, a vida na Terra seria impossível. O Fogo deu a vida aos nossos ancestrais mais antigos e ainda é importante em nossa vida até hoje. Usamos o fogo para cozinhar e aquecer nossos lares nas estações mais frias, e sua luz permite que continuemos nossa vida após o pôr do sol. O Fogo representa movimento e transformação (pense na forma como a chama de uma vela dança e oscila com uma brisa), assim como força e criatividade. Ele tem o poder de derreter sólidos, mudando-os rapidamente de uma forma a outra. Na Prática, é simbolizado por ferramentas mágicas, como a adaga e as velas, assim como pelo naipe de Paus num baralho de tarô.

O Fogo está conectado aos signos de Áries, Leão e Sagitário, pois são todos impetuosos, criativos e enérgicos. O Fogo também é associado ao naipe de Paus no baralho de tarô, pois é o naipe que representa os temas do Fogo – de força e ação.

RITUAIS PARA CONECTAR-SE AO FOGO

Há muitas maneiras de se conectar ao elemento Fogo, mas uma das minhas preferidas é sair para um passeio em meio à natureza num dia ensolarado e passar algum tempo recarregando as energias ao Sol. Assim como a Lua pode ser usada para energizar ferramentas como cristais, a luz do Sol pode ser usada para energizar o corpo e turbinar a energia. Sentar-se por 10 minutos ao Sol pode realmente fazer a diferença.

Montar um altar dedicado ao Fogo é outra excelente maneira de se conectar ao elemento. Como deve ser feito em todos os altares, cabe a você decidir o que gostaria de incluir, mas velas alaranjadas, vermelhas, amarelas ou douradas, um atame ou um punhal e flores como girassóis são modos tradicionais de representar o Fogo em sua forma física num altar. Use esse altar como usa o do Ar e o da Terra: como auxílio à sua meditação e à conexão com o elemento Fogo de uma maneira mais profunda e significativa. Olhe dentro das chamas, observe-as dançarem e sinta seu calor enquanto pensa nas qualidades e nos poderes do Fogo. Durante esse processo, queime uma mistura de incenso composta de 2 partes de olíbano, 1 parte de canela, 1 parte de cravo e 1 parte de cascas de laranja, limão siciliano e limão para ajudar a fortalecer essa conexão.

Talvez seja mais fácil se conectar ao elemento Fogo em algum momento durante o Imbolc, Lammas, Beltane e Samhain, os quatro festivais de Fogo da Roda do Ano Pagão. Durante essas épocas, tradicionalmente, acendem-se fogueiras, e o fogo compõe uma parte central das celebrações. Como o Fogo está alinhado ao verão, talvez seja mais fácil se conectar a esse elemento durante os meses mais quentes do ano.

FEITIÇO COM VELAS PARA PURIFICAÇÃO
Por meio do Fogo

Na Bruxaria, o Fogo é conhecido por seus efeitos purificadores. Passar um objeto ou uma ferramenta como um boline na chama de uma vela remove quaisquer impurezas físicas e energéticas atreladas a eles. Acender uma vela é uma maneira simples de purificar um ambiente. Acenda uma vela perto da porta de entrada de sua casa quando receber visitas, pois isso as purificará quando entrarem. O Fogo também pode ser usado para encerrar um feitiço. Sua capacidade destrutiva pode ser aproveitada para queimar ingredientes de feitiços, transformando-os em cinzas que podem ser devolvidas à terra.

FEITIÇO COM VELAS PARA PURIFICAÇÃO POR MEIO DO FOGO

Vamos precisar de:

- cravo e uma ou mais das seguintes ervas: alecrim, canela, manjericão, tomilho;
- 3 velas brancas;
- 1 colher de chá de óleo;
- 1 pequena tigela resistente a altas temperaturas;
- papel e caneta.

MÉTODO

1. Lance um círculo e invoque os elementos, caso seja a sua tradição.
2. Triture as ervas até virarem um pó grosso.
3. Passe um pouco de óleo nas velas brancas da ponta inferior até o topo e, em seguida, role-as sobre as ervas trituradas, de modo que grudem na vela.
4. Pegue um punhado de cravo e espete alguns em todas as três velas.
5. Coloque as velas numa tigela resistente a altas temperaturas e, depois, polvilhe o restante das ervas ao redor das velas dentro da tigela, antes de acendê-las.
6. Num papel, escreva, da forma mais detalhada possível, tudo a respeito das coisas em sua vida que não lhe servem mais ou fale do que gostaria de se libertar. Imagine a libertação e o crescimento que experimentará quando essas coisas não estiverem mais impedindo o seu progresso.
7. Quando terminar, queime o papel nas chamas. Ao fazê-lo, visualize o que deseja abandonar e a forma como isso se realizará. Despeje as cinzas do papel ao redor das velas junto às ervas trituradas. Concentre-se nas chamas das velas e nas suas intenções para o feitiço enquanto observa-as queimando até o fim.
8. Misture as cinzas e as ervas e enterre-as no solo, em algum lugar no seu quintal. É preciso jogar fora os restos das velas, pois elas não são biodegradáveis, por isso, é melhor não as enterrar na terra.

medo

ÁGUA

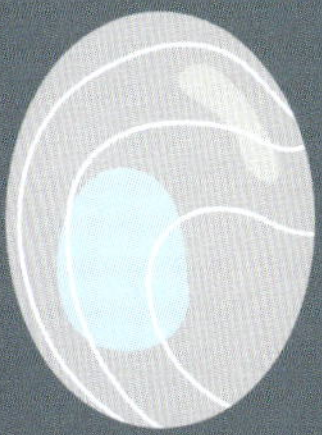

CRISTAIS
água-marinha, ametista, berilo, fluorita, heliotropo, labradorita, lápis-lazúli, pedra da lua, opala, topázio azul, turmalina azul

TEMAS DA ÁGUA
emoção, intuição, cura, habilidades psíquicas, amor, mente inconsciente, fertilidade, reflexão, energia lunar, sentimentos profundos

ERVAS E PLANTAS
artemísia, alga marinha, confrei, erva-de-gato, eucalipto, gardênia, gerânio, lilás, lírio, lótus, musgo aquático, rosa, salgueiro, samambaia

SIGNOS DO ZODÍACO
Peixes, Câncer, Escorpião

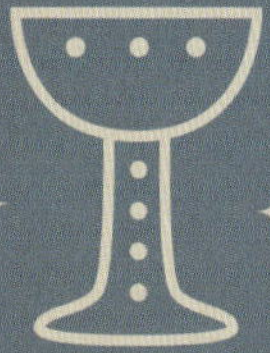

NAIPE DO TARÔ
Copas

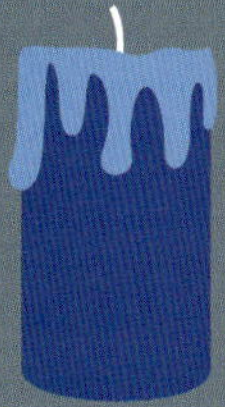

CORES
azul, prateado, branco, cinza, água-marinha

PONTO CARDEAL
Oeste

ESTAÇÃO
inverno

FERRAMENTAS
caldeirão, cálice, tigela, pedras de Bruxa, conchas

MAGIA DA *Água*

Vivemos num planeta em que 71% da superfície é coberta de água. A água é encontrada em forma sólida, líquida ou gasosa e sustenta todo tipo de vida. Sem ela, todo ser vivo na Terra morreria. A Água simboliza movimento, emoções, cura e intuição. É um ótimo elemento com o qual trabalhar durante os meses de inverno, pois, quando as temperaturas caem e a água congela, podemos usar esse tempo para refletir. Também é uma boa época para fazer trabalhos da sombra (ver Capítulo 8). O trabalho da sombra é uma forma de compreender melhor a si mesmo – confrontando tudo em nossa vida que talvez ignoremos ou escondamos e confrontando tudo o que tememos. Embora isso não seja fácil, conectar-se com a Água pode ajudar a facilitar o processo.

A Água está conectada aos signos de Peixes, Câncer e Escorpião, pois são reflexivos e sentem de forma profunda. A Água também é associada ao naipe de Copas no baralho de tarô, pois é o naipe que representa os temas da Água – de emoção e percepção.

RITUAIS PARA CONECTAR-SE À ÁGUA

Passar algum tempo perto de uma fonte natural de água é uma das formas mais fáceis de se conectar a esse elemento. Seja um oceano, um rio ou um lago, estar perto de uma fonte natural de água na sua região, que possa visitar com frequência, o ajudará a construir uma conexão. A forma de interagir com a água tem uma base no que faz sentido para você – você pode colocar a mão na água, molhar um dedo do pé ou até nadar nela (se for seguro). Caso não haja uma fonte de água natural perto de onde mora, um banho ou uma ducha em casa, enquanto se concentra de modo consciente nas propriedades de limpeza (ou em outras características) da água, é um ritual simples que pode ser facilmente incorporado no seu dia – o mundano pode ser transformado em mágico. Até mesmo entrar numa piscina permite que nos conectemos com o fluxo e o movimento da água, e isso pode ser transformado numa prática espiritual.

Assim como ocorre com todos os elementos, incorporar água no seu altar ou em seu espaço sagrado é uma excelente maneira de se conectar com o elemento Água. Uma simples tigela de água basta, mas você pode adicionar outros itens, como uma xícara, um caldeirão, conchas, madeira flutuante, vidro marinho, areia, pedras de bruxa (uma pedra com um buraco natural no meio), corais, cristais (como pedra da lua e água-marinha) e velas azuis, brancas ou prateadas. Esses itens podem ser usados para auxiliar sua meditação. Gosto de meditar com as mãos submersas numa tigela com água quando quero me conectar com esse elemento. Queime esta mistura de incenso para fortalecer sua conexão: 2 partes de mirra, 1 parte de baunilha, 1 parte de pétalas de rosa, 1 parte de ilangue-ilangue e 1 parte de tomilho.

BANHO RITUAL DE ÁGUA *para Aumentar a Intuição*

A Água tem muitas utilidades na Bruxaria. Água de Lua é ótima para purificação e para adicionar um reforço de energia aos seus feitiços e rituais. É possível bebê-la, banhar-se nela e regar as plantas com ela, também. Para fazer água de Lua, deixe um pote com água limpa e potável (tampado) à luz da Lua cheia para energizar durante a noite.

Conforme a sua origem, a água tem uma variedade de propriedades diferentes e é associada a diversos tipos de magia. Veja algumas variedades a seguir.

ÁGUA DA CHUVA – proteção, purificação, mudança, crescimento.

ÁGUA DE TEMPESTADE – mudanças emocionais, motivação.

ORVALHO – fertilidade, beleza, amor, saúde e paz.

ÁGUA DO SOL – força, criatividade, vitalidade, positividade.

ÁGUA DE RIO – banimento, purificação, mudança, energia.

ÁGUA DO MAR – cura, banimento, proteção.

NEVE – transformação, equilíbrio, pureza, encerramentos.

GELO – transformação, criatividade.

ÁGUA DE LAGO – autorreflexão, paz, espiritualidade.

ATENÇÃO! Não beba nem ingira nenhum tipo de água, exceto os tipos que especificamente estiverem citados em alguma parte deste livro.

BANHO RITUAL DE ÁGUA PARA AUMENTAR A INTUIÇÃO

Vamos precisar de:

- 1 ou mais das seguintes plantas: artemísia, pétalas de rosas, calêndula;
- saco de musselina (opcional);
- água de Lua cheia;
- 1 vela roxa;
- 1 ou mais dos seguintes cristais, purificados: ametista, heliotropo, labradorita, fluorita.

ATENÇÃO! *Se tiver pele sensível, com tendência a reações alérgicas, sempre faça um teste primeiro numa área pequena da pele com uma infusão ou uma decocção da(s) erva(s) que desejar usar em seu banho ritual.*

MÉTODO

1. Adicione uma colher de sopa de cada erva ou planta (desidratada ou fresca) a um banho quente e completo.
2. Como alternativa, coloque as ervas dentro de um saco de musselina ou algodão e coloque-o na água do banho, caso não goste da ideia de ervas flutuando na água de sua banheira.
3. Em seguida, adicione a água de Lua – use o tanto que considerar necessário; pode ser um pouquinho ou bastante.
4. Acenda a vela roxa (coloque-a perto da banheira ou do chuveiro) e disponha os cristais purificados num círculo ao redor dela.
5. Desfrute do seu banho, mantendo as suas intenções concentradas na sua intuição.

3

AS QUATRO ESTAÇÕES

Todos nós temos uma estação favorita, uma época do ano em que nos sentimos mais conectados ao mundo natural do que qualquer outra. A minha é o outono. Conforme a natureza está desacelerando e nos mostrando suas últimas cores gloriosas, sinto como se estivesse acordando de um sono profundo.

Embora este capítulo não seja sobre a Roda do Ano, é importante inserir as estações na prática geral de Bruxaria. A Roda do Ano, o ciclo anual de oito celebrações sazonais – conhecidas como Sabás –, é seguida por muitas Bruxas e pagãos. Há quatro Sabás baseados no calendário agrícola. São conhecidos como quartos diagonais ou festivais de fogo (Imbolc, Lammas, Beltane e Samhain), e há quatro Sabás baseados nos solstícios e nos equinócios, conhecidos como quartos (Yule, Ostara, Litha e Mabon), que são pontos médios entre os festivais de fogo. Eles se alinham à mudança das estações e representam os pontos em que o Sol está no ápice de seu poder (Litha/Solstício de Verão) e em que o Sol está mais longe (Yule/Solstício de Inverno). Ostara (Equinócio de Primavera) e Mabon (Equinócio de Outono) são pontos médios em que a noite e o dia têm a mesma duração.

As estações exercem um papel importante na prática da Bruxaria, e cabe a você decidir quais Sabás celebrar.

MAGIA DO *Outono*

O outono se estende entre os Sabás do Mabon e do Yule, celebrados entre setembro e novembro no Hemisfério Norte, e entre março e junho no Hemisfério Sul.

O outono tem muitos significados simbólicos na prática de Bruxaria e é associado a determinados tipos de magia. Alinhar a Prática e a nós mesmos com as estações pode intensificar o poder da magia, mas também ajudar a nos conectarmos ao ciclo da Mãe Natureza.

Conforme a natureza se prepara para dormir e as folhas começam a cair, há um lembrete de que existe beleza em (alguns) encerramentos. Rituais de banimento ou de corte de laços se alinham bem às energias dessa estação. Também é uma boa época para identificar tudo em nossa vida que limita nossa capacidade de atingir nosso potencial pleno, para que possamos nos desfazer das coisas que não servem mais à nossa vida. No que diz respeito à purificação, a primavera provavelmente é a primeira estação que nos vem à mente, mas as energias do outono também são boas para remover o velho e abrir espaço para o novo.

O outono é a estação em que o mundo natural se prepara para a chegada dos meses rigorosos de inverno que vêm adiante. Para os animais, talvez isso signifique armazenar comida ou encontrar um ambiente seguro para hibernar, mas, para nós, essa época é boa para praticar a magia de proteção pessoal e do lar. Como somos humanos, não hibernamos, mas, mesmo assim, podemos refletir as energias da natureza nessa época do ano protegendo a nós mesmos e o lugar em que vivemos, nos preparando para o inverno que se aproxima.

A magia das maçãs é uma ótima forma de se conectar às energias dessa estação. As maçãs representam orientação e sabedoria e podem ser usadas em feitiços de prosperidade e abundância. Entalhe alguns sigilos na casca da maçã e enterre-a no chão.

ALINHE-SE
À NATUREZA

CONECTANDO-SE AO OUTONO

Pratique a magia das nozes.

Monte um altar de outono, incorporando prendas dessa estação colhidas na natureza.

Priorize o descanso e o autocuidado.

Faça um ritual de banho purificante, acendendo velas vermelhas, cor de laranja e amarelas, ou velas brancas, para representar a estação.

Crie um altar para se conectar com seus ancestrais e rememorá-los.

CONECTANDO-SE ÀS *Energias do Outono*

Seguir o exemplo da natureza e desacelerar é uma boa forma de se conectar às energias do outono. A vida moderna é caótica e cheia de estresse e pressões, mas reservar um tempo de modo consciente para si e para atividades que nutrem a alma pode nos alinhar às energias naturais da estação, assim como aprofundar nossa conexão com nós mesmos.

Pode ser difícil reservar esse tempo quando nossas agendas estão cheias, mas isso mostra que é ainda mais importante fazer uma pequena pausa, desacelerar e cuidar melhor de nós mesmos. O autocuidado é importante, mas não se resume apenas a máscaras faciais e banhos de espuma; também é preciso se impor limites, aprender a dizer "não", nutrir o corpo com alimentos saudáveis e se posicionar com a sua voz autêntica. O outono é a época perfeita para se concentrar naquilo que honra e valida a pessoa que você é nos níveis emocional, mental, físico e espiritual.

A magia das bolotas é uma ótima forma de se conectar às energias do outono. Bolotas podem trazer proteção e boa sorte quando carregadas como um amuleto e, se levadas no bolso, podem ajudar a banir a solidão e as doenças. Também podem atrair prosperidade e sabedoria se forem colocadas próximas a uma janela em sua casa.

Criar um altar de outono ou incorporar itens de outono – como folhas e castanhas – ao seu altar é uma excelente maneira de se conectar com essa estação e de incentivar o fortalecimento de sua relação com os ciclos da natureza. Colete folhas de cores, formatos e tamanhos variados e faça uma colagem ou um móbile para usar em seu altar, ou como um auxílio à sua prática de meditação, conforme você se concentra e se conecta às energias do outono.

O outono tem a ver com encerramentos, então, é uma época perfeita para abandonar o velho e abrir espaço para o novo em sua vida. Por isso, é uma estação recomendável para fazer a limpeza de um armário ou tomar um banho purificante. Gosto muito de usar 2 partes de sais de banho, 1 parte de lavanda, 1 parte de alecrim e 1 parte de pétalas de rosas ao queimar incenso de *patchuli*.

Conforme o Samhain se aproxima, o véu entre este mundo e o outro se afina, fazendo desta uma ótima época para qualquer tipo de adivinhação, atividade espiritual e para honrar seus ancestrais. Crie um altar ancestral com fotos de família e pertences pessoais daqueles que já partiram ou deixe uma oferenda do que costumava ser sua comida ou bebida favorita. Honrar os ancestrais não precisa ser um ritual apenas para o Samhain – é algo que pode ser feito em qualquer época do ano, mas o afinamento do véu ao longo dos meses do outono facilita a conexão com o mundo espiritual.

MAGIA DO *Inverno*

O inverno se estende do Yule (ou Solstício de Inverno) ao Ostara, o primeiro dia da primavera, no período de dezembro a abril no Hemisfério Norte e de junho a setembro no Hemisfério Sul. É a época em que os dias ficam mais curtos e a escuridão domina a luz. Depois de toda a glória colorida do outono, o inverno é um contraste gritante: as árvores ficam nuas, faz frio, e o mundo natural se torna dormente e estagnado. As energias do outono nos impeliam a desacelerar, mas, agora, o inverno chegou, e essas energias querem que paremos e descansemos. Essa estação nos faz olhar para dentro e focar a energia em nós mesmos, por isso, é outra boa estação para efetuar trabalhos da sombra (veja o Capítulo 8) e para trabalhar na cura interior.

O descanso pode ser um ritual lindo e mágico, entretanto, em geral, não dedicamos tempo suficiente a ele. Talvez sintamos uma necessidade instintiva de desacelerar e nos recolher conforme as noites ficam mais longas e nosso corpo tenta nos revelar suas necessidades. Estamos em maior sintonia com o mundo natural do que percebemos, mas os afazeres da vida moderna podem se sobrepor a essa conexão. Desacelerar, descansar e refletir compõem a forma ideal de nos darmos espaço e tempo para apenas "ser". Se sentir a necessidade de desacelerar, siga o fluxo e honre seus sentimentos, pois, quanto mais fizer isso, maior será a conexão estabelecida com o inverno e sua magia, e com o eterno ritmo das estações. Manter um diário é uma maneira excelente de refletir e colocar os pensamentos no papel.

Criar um altar que reflita a mudança das estações é uma forma física de se conectar ao inverno. Decorações como pinhas, agulhas de pinheiro, objetos brancos, vermelhos, verdes ou prateados e velas são ótimas adições a qualquer altar de inverno. Até mesmo acender uma única vela e usar o tempo para refletir e ficar parado por um período pode ajudar a sincronizar seus ciclos naturais aos ciclos da Mãe Terra, lembrando-se sempre de que você é um *ser* humano, e não um *fazer* humano.

Descansar
É
lindo

CONECTANDO-SE AO INVERNO

Pratique trabalhos das sombras.

Concentre-se na cura interior.

Use a magia da bola de neve para remover energias indesejadas.

Neutralize energias indesejadas com a magia da neve.

Use pinhas para concentrar suas intenções.

Derreta gelo para se desapegar; congele para prender.

CONECTANDO-SE ÀS *Energias do Inverno*

Caso viva numa área do mundo em que faça frio o bastante para que neve e forme gelo, você pode coletar água de neve para usar na purificação, na limpeza e na cura. A forma como a neve cai pode ser usada em diversos tipos de magia. Se a neve cair de leve, pode ser usada na magia relacionada à paz e à tranquilidade. Se ela cair em forma de tempestade pesada, pode ser usada para adicionar poder e energia à sua magia.

A neve moldada em forma de bola pode ser usada para a autopurificação contra quaisquer energias indesejadas ou negativas atreladas a si mesmo. Ao formar uma bola de neve, visualize-a extraindo toda a energia que não deveria estar ao seu redor. Costumo visualizar essa energia com uma cor escura, que é neutralizada ao ser absorvida pela bola de neve branca.

Você saberá que foi purificado quando começar a se sentir mais leve no âmbito físico e mental. Quando estiver pronto, atire a bola de neve o mais longe possível. Ao fazer isso, visualize a energia escura sendo lançada para longe de você, deixando-o purificado de uma forma profunda.

O gelo é uma ferramenta poderosa que tem diversas utilidades. O ato de derreter gelo é associado ao desapego ou ao desprendimento das coisas que não nos servem. O ato de quebrar gelo pode ser usado em feitiços de banimento ou corte de laços. O ato de congelar água – seja deixando-a numa área externa se estiver frio o bastante ou no congelador – pode ser usado em magia de ligação.

No meio do inverno, no Hemisfério Norte, vemos o fim de um ano no calendário e o início de um novo ano. Para honrar essa transição e olhar com esperança o início de um novo ano, só é preciso ter uma pinha e algumas tiras de papel bem pequenas.

Nos papéis, escreva as suas intenções para o Ano Novo e revele o que pretende alcançar. Enrole as tiras de papel e coloque-as entre as escamas da pinha. Use tantos papéis quanto considerar necessário ou a quantidade que couber na pinha. Quando a pinha estiver cheia, queime-a no fogo. Conforme as chamas fizerem a pinha brilhar, concentre-se nas intenções que escreveu nas tiras de papel. Quando tudo tiver esfriado e se transformado em cinzas, enterre-as no solo.

O inverno, quando o mundo natural hiberna, é época de se voltar para dentro. Precisamos reconhecer a nossa sombra assim como a nossa luz. Reservar algum tempo para trabalhos da sombra (veja o Capítulo 8), em que podemos confrontar nossas trevas, é uma forma de nos conectarmos com as energias do inverno, bem como compreender melhor a nós mesmos.

MAGIA DA *Primavera*

Após os meses frios e escuros do inverno, damos as boas-vindas à primavera. Essa estação se inicia oficialmente no Ostara, que cai no final de março no Hemisfério Norte e no final de setembro no Hemisfério Sul. A Mãe Natureza está acordando de seu sono profundo, os dias estão, enfim, ficando mais longos, e há sinais de vida brotando por todos os lados. É uma época de celebrar o retorno do Sol e, com ele, da energia e da vitalidade do mundo natural. Agora, a primavera chegou, a natureza está nos mostrando como abandonar as coisas que morreram no inverno para abrir espaço para novos brotos.

A primavera é a época ideal para a magia relacionada a novos inícios, à transformação e à definição de intenções. A magia com sementes é uma excelente maneira de trabalhar com a terra e sentir a energia e a vitalidade do solo conforme o mundo natural desperta. Plante sementes e mudas com intenção. Enquanto cuida delas e as vê crescer, elas representam suas intenções se manifestando lentamente. Mas também é preciso fazer o trabalho mundano para tornar as intenções possíveis! Não se ganha na loteria sem que se compre um bilhete. O mesmo se aplica à magia. O trabalho que se realiza é tão importante quanto a magia em si; um sustenta o outro.

A primavera também é a época perfeita para fazer atividades que atraiam prosperidade para o restante do ano. A prosperidade não tem a ver apenas com fortuna; pode trazer boa saúde, sucesso e crescimento pessoal. Para um feitiço de prosperidade simples e terreno, basta ter uma vela grande verde (ou branca), uma moeda, um envelope, um pedaço de papel, um pouco de terra, menta, canela e manjericão. Insira no envelope a moeda e um pouco de terra. Triture as ervas e polvilhe-as na terra, misturando-as bem.

Conforme o faz, pense nos tipos de prosperidade que gostaria de atrair. Pode até desenhar um símbolo de prosperidade na frente do envelope. Quando estiver pronto, enterre-o no solo, em algum lugar em seu jardim ou em sua propriedade. Besunte a vela verde com um pouco de óleo e role-a no restante das ervas trituradas, de modo que grudem. Acenda a vela e concentre-se em suas intenções à medida que ela queima. Deixe-a queimar por cerca de 15 minutos e apague-a. Queime-a um pouco todos os dias para atrair a prosperidade contínua à sua vida, até que a vela acabe. Cabe a você decidir o tamanho de sua vela, com base na duração desejada para o seu feitiço.

prepare-se para

a magia

CONECTANDO-SE À PRIMAVERA

Faça um ritual de banho ou ducha purificante.

Elimine energias estagnadas do inverno fazendo uma limpeza de primavera.

Plante sementes ou mudas durante a Lua crescente para incentivar o crescimento.

Comece um novo projeto.

Crie um altar de primavera.

CONECTANDO-SE ÀS *Energias da Primavera*

Assim como nas outras estações, criar um altar para homenagear a primavera é uma ótima maneira de se conectar às energias dessa época do ano. Mudas envasadas, sementes, flores de primavera e guirlandas são adições maravilhosas a todo altar de primavera, assim como velas verdes, vermelhas ou de tons pastel. Seu altar não precisa ser complicado ou ocupar muito espaço; prefiro adicionar algumas flores de primavera ao altar que uso no dia a dia para me manter conectada às energias primaveris.

A primavera é a época em que os dias começam a ficar mais longos. No Equinócio de Primavera, os dias e as noites se tornam perfeitamente equilibrados e têm igual duração. Gosto de manter uma vela preta e uma branca em meu altar, para representar o equilíbrio entre a luz e as trevas. Também faço isso durante o outono, quando há um equilíbrio entre a luz e as trevas conforme avançamos para a metade mais escura do ano.

Dentes-de-leão têm muitas utilidades mágicas, então, durante a primavera, talvez você veja essa flor de um tom amarelo vivo surgir em seu jardim, em campos e em cercas vivas. Podem ser usados em muitos tipos de magia, inclusive naquelas que elevam a criatividade, a inspiração e a coragem.

Gosto muito de usar raízes de dentes-de-leão num chá tostado para reforçar as percepções de adivinhação. Para fazer o chá com as raízes, extraia os dentes-de-leão da terra, corte a haste, lave bem as raízes e coloque-as numa assadeira; leve a assadeira ao forno por 2 horas a 120° C. Deixe as raízes esfriarem e, em seguida, use um moedor de café ou um pilão para moê-las até que virem um pó. Quando estiver pronto para tomar o chá, coloque uma colher de sopa do pó de dente-de-leão num infusor de chá e deixe em infusão em água quente até que atinja a concentração de sua preferência. Beba o chá antes e durante os rituais de adivinhação para obter maior clarividência.

A primavera é associada à limpeza – o processo de remover o velho e abrir espaço para o novo. Seja uma limpeza física da sua casa ou uma autopurificação contra energias indesejadas, isso pode ajudá-lo a se conectar com a própria essência da primavera e a promessa de novos inícios. Para criar um limpador protetivo para a sua casa, misture uma xícara (250 ml) de vinagre branco destilado em meia xícara (125 ml) de água, 5 gotas de óleo essencial de limão, 5 gotas de óleo essencial de alecrim e 5 gotas de óleo de lavanda. Antes de usar essa mistura, certifique-se de que a superfície não será danificada por esses ingredientes, pois óleos essenciais podem avariar algumas superfícies.

MAGIA DO *Verão*

O verão permanece entre o Solstício de Verão e o Equinócio de Outono, ou seja, de junho a setembro no Hemisfério Norte e de dezembro a março no Hemisfério Sul. O Sol está no auge de seu poder, e em muitos lugares do mundo o clima proporciona altas temperaturas e dias mais claros. O clima bom nos incentiva a sair mais. A natureza está florescendo, a opulenta flora verde da Terra é abundante e as flores se abrem em todos os cantos. É uma época de magia associada a poder e energia.

O Sol é uma ferramenta mágica maravilhosa, que pode ser usada de diversas formas. Podemos produzir água de Sol colocando um pote ou uma garrafa de água limpa e potável à luz do Sol por um dia inteiro e recolhê-los antes de escurecer. Essa água pode ser usada para a limpeza do seu ambiente, nas ferramentas ou no altar, e para transmitir poderes extras aos seus feitiços. Também pode ser adicionada na magia de cura e nos feitiços de proteção, e pode ser ingerida quando você precisar de um reforço em sua criatividade.

A luz do Sol em si pode ser usada para recarregar as energias de cristais e ferramentas de adivinhação como cartas de tarô e runas, embora seja necessário tomar cuidado nestes casos, pois alguns cristais desbotam e se danificam quando colocados sob a luz do Sol de forma direta (ver p. 105). Depois de lavar as roupas, coloque-as para secar direto à luz do Sol, para que absorvam suas energias protetoras.

Às vezes, precisamos de um empurrãozinho para fazer as energias criativas fluírem, e o verão é a época ideal para realizar magias desse tipo. Os meses mais quentes são fantásticos para feitiços que promovem um tipo específico de criatividade relacionado ao projeto em que você está trabalhando ou para promover maior senso de inspiração na sua vida e em sua Prática.

Para produzir um pote de criatividade simples, encha um pote com as quantidades que quiser de noz-moscada, alecrim, manjericão e os cristais jaspe vermelho e citrino. Pingue a cera de uma vela amarela ao redor da tampa para selar o pote. Também gosto de incluir um símbolo do tipo específico de criatividade com o qual preciso de ajuda. Por exemplo, podemos incluir um pedaço de papel com uma nota musical escrita nele para obter um reforço de criatividade musical. Conforme enche o pote, visualize o tipo de inspiração que deseja atrair e imagine a si mesmo e o modo como se sentirá quando sua seiva criativa estiver fluindo. Mantenha-o sempre próximo, ou, se for pequeno, guarde-o no bolso e dê-lhe uma boa sacudida quando precisar de inspiração.

FLORESÇA EM SEU PRÓPRIO RITMO

CONECTANDO-SE AO VERÃO

Carregue consigo cristais de fogo como rubi, jaspe vermelho e ágata de fogo para produzir energia.

Colha e desidrate ervas que tenham sido carregadas ao Sol.

Monte um altar de verão.

Trabalhe com fogo.

Alinhe a sua magia com as fases do Sol e a hora do dia.

CONECTANDO-SE ÀS *Energias do Verão*

O verão está alinhado ao elemento Fogo, e o Solstício de Verão é um festival do Fogo. Para se conectar a esse elemento, é preciso acender uma fogueira e seguir a prática tradicional de pular sobre ela, para se beneficiar de suas qualidades purificantes. Ou simplesmente acenda uma vela de uma cor associada ao Fogo, como vermelho, amarelo e laranja, e reflita sobre as qualidades solares da paixão, da coragem e da força.

Carregar consigo cristais associados ao elemento Fogo e ao Sol, como pedra do sol, jaspe vermelho e cornalina, que tenham sido energizados à luz do Sol, é uma excelente forma de se conectar às energias do verão. Esses cristais podem ser transportados de maneira fácil e discreta e podem elevar a energia. Recarregue-os com regularidade para mantê-los plenos de energia solar.

Montar um altar de verão auxilia a conexão com as energias da estação. Adicione velas de cores associadas ao Fogo e flores associadas ao Sol, como girassóis, cravos-túnicos, craveiros e lírios. Símbolos solares são ótimos para ser adicionados ao altar de verão, e frutas como abacaxi, tangerina e romã, e ervas como alecrim, camomila, cedro, ulmária, arruda e zimbro. Mesmo um vaso de flores vívidas é o suficiente para celebrar as energias vibrantes do verão.

O Solstício de Verão é a melhor época para colher e desidratar ervas. Acredita-se que elas atingem o ápice de seus poderes mágicos e medicinais quando o Sol alcança o auge de sua energia; então, é hora de sair em busca de ervas e desidratar o que encontrar. Maços de ervas também são dados de presente no Solstício de Verão.

Assim como a Lua, o Sol tem suas próprias fases – o nascimento do sol, a manhã, o meio-dia, a tarde e o pôr do sol. Alinhe-se às diferentes horas do dia e à forma como a força e a energia do Sol mudam durante o dia.

O sol matinal corresponde aos temas de expansão e crescimento; portanto, para conectar-se a ele durante a manhã, pode ser favorável ler algo novo como meio de expandir seus conhecimentos. O sol do meio-dia é o ápice de sua força – feitiços e rituais relacionados a poder nos conectam a suas energias, ou podemos dar um banho de sol em nossos cristais que sejam resistentes a ele (ver p. 105), para que recarreguem suas energias. A força do Sol diminui quando está prestes a se pôr. Execute rituais de magia associados à redução, aos encerramentos e à verdade nesse momento do dia, para se conectar a essa fase.

SINCRONIZANDO-SE COM AS *Estações e as Próprias Energias*

É importante compreender que, como indivíduos, todos nós vivenciamos nossas próprias estações e os fluxos e refluxos de energia, e isso nem sempre corresponde às quatro estações do mundo natural, aos ciclos da Lua ou aos Sabás. Conhecer a própria energia e reconhecer que todos nós vivenciamos estações singulares na vida em diferentes épocas é uma habilidade essencial que ajuda a nos conectarmos conosco de uma forma mais profunda e a identificar do que a mente, o corpo e o espírito precisam e como providenciar isso.

Há diversos ciclos naturais que auxiliam a moldar a nossa Prática, mas há muitos momentos em que a nossa energia está diferente desses ciclos. Por exemplo, a Lua Nova ou a primavera devem ser uma época de renovação de energia, mas é possível que uma pessoa sinta o oposto absoluto disso, às vezes. Isso não significa que essa pessoa não tenha uma boa conexão com a Lua ou com a natureza, ou que ela seja menos Bruxa por sentir as estações de um modo diferente – apenas prova que cada um de nós tem seu próprio ciclo energético. Essa compreensão é uma oportunidade de nos conectarmos com nossa própria energia de um modo mais profundo e de honrá-la, dando a nós mesmos aquilo de que necessitamos em determinado período.

Respeitar os próprios ciclos é uma parte essencial de ser Bruxa. Às vezes, precisamos de um empurrãozinho para praticar, e nos sentimos mais energizados por isso, mas, em outros momentos, arriscamos exagerar, se ignorarmos nossos níveis de energia. Se tem planejado um feitiço há dias, mas quando o dia planejado chega você se sente esgotado ou desequilibrado no âmbito energético, é melhor adiar seu feitiço e esperar um momento em que seus níveis de energia estejam restaurados, em que você se sinta mais equilibrado. Doenças físicas, estresse, ansiedade e depressão são apenas algumas das condições que podem desequilibrar a energia. Lançar um feitiço quando a energia está bagunçada ou baixa tem alta probabilidade de não funcionar. Energias instáveis também têm grande probabilidade de levar a resultados imprevisíveis.

Em vez de lançar um feitiço de forma aleatória, espere, pois sua mente, seu corpo e seu espírito precisam de cuidados e atenção. Pode demorar até que você se alinhe aos seus próprios ciclos, sobretudo no início de sua jornada de Bruxaria, então, tenha paciência consigo mesmo – com certeza, isso não é um sinal de que você é menos Bruxa ou de que este é o caminho errado para você. Não lute contra o sentimento; em vez disso, aprenda a se deixar guiar por ele, e isso transformará a sua Prática.

RESPEITE
SEUS
CICLOS

4

A MAGIA DA MÃE TERRA

Os frutos do mundo natural são ingredientes mágicos poderosos. De ervas a resinas, flores, metais e sal, todos têm suas qualidades e utilidades mágicas específicas. Trabalhar com eles pode ajudar a nos conectar, bem como a nossa Prática, às energias da própria Mãe Natureza.

A magia da Terra é uma forma tradicional de Bruxaria, que nossos ancestrais usavam muito antes de nós. Eles aproveitavam o que tinham à disposição. Não havia o luxo de poder comprar ervas na internet!

A magia natural trata da conexão com a Terra e suas energias num nível mais profundo, por meio do exercício de sua Prática. Não é apenas uma conexão com o elemento Terra ou mesmo com os quatro elementos juntos. Engloba todas as energias terrestres que se movem ao nosso redor, assim como os presentes materiais que a Mãe Natureza nos dá, que envolvem todos os ingredientes mágicos que estamos prestes a estudar!

Neste capítulo, vamos conhecer as propriedades mágicas de uma seleção de materiais terrestres. Também vou mostrar como você pode fazer sua própria mistura de incenso natural com uma fragrância equilibrada, com base nas diferentes notas das ervas e flores que utilizamos.

Ao trabalhar com plantas, é importante seguir algumas regras gerais.
Quase todas as receitas neste capítulo são para uso exclusivamente externo. Não consuma os ingredientes a não ser que a receita indique expressamente que você pode fazer isso, e apenas o faça se tiver certeza de que não terá alguma reação alérgica ou outras reações adversas. Em caso de dúvida, busque aconselhamento médico. Jamais ingira ou toque numa erva não identificada. Sempre pesquise bem a respeito de suas ervas antes de ingeri-las ou de entrar em contato físico com elas, e busque aconselhamento médico antes de trabalhar com alguma planta se estiver grávida, sofrer de alguma alergia ou algum problema de saúde. Caso se sinta mal ou tenha alguma reação a uma planta, procure atendimento médico imediatamente. Esteja ciente de que algumas plantas também podem ser prejudiciais a animais.

GRIMÓRIO DE ERVAS E ESPECIARIAS

1. Pimenta-da-jamaica – Cura, dinheiro, energia, sucesso, boa sorte.
2. Pimenta caiena – Banimento, limpeza, purificação, remoção de obstáculos, reversão de maldições.
3. Cedro – Cura, purificação, habilidades psíquicas, proteção, dinheiro.
4. Coentro – Amor, desejo, cura, proteção.

GRIMÓRIO DE *Ervas e Especiarias*

CEDRO (*Cedrus libani*)

O cedro é usado na cura e na purificação. Queime-o num pequeno maço ou use seus galhos para fazer um incenso, que liberará sua fumaça purificadora. Queimá-lo também ajuda a energizar habilidades psíquicas e atrair fortuna. Coloque um pouco de cedro num saquinho e leve-o junto da sua carteira para atrair fortuna. O cedro também é protetivo – pendure um pouco dele sobre a sua porta de entrada para manter energias negativas afastadas. Também pode ser usado como um talismã, pois representa vida longa e crescimento.

COENTRO (*Coriandrum sativum*)

O coentro é usado em feitiços associados ao amor – use-o em sachês vermelhos junto ao seu corpo ou em potes. Moa as sementes até virarem um pó e adicione-as aos alimentos e bebidas para atrair e elevar os sentimentos de amor, desejo e energia sexual. Bebê-lo na forma de chá também pode acalmar o coração partido depois do término de um relacionamento. O coentro é associado à magia de cura e pode ser usado para prevenir dores de cabeça e enxaquecas. É usado em magia protetiva. Cultive-o em seu jardim ou dentro de casa num vaso para trazer paz ao seu lar e o proteger.

MANJERONA (*Origanum majorana*)

Use manjerona em feitiços de amor. Coloque-a sob o seu travesseiro para sonhar com o seu futuro namorado. Essa planta também pode afastar doenças e promover boa saúde quando carregada num saquinho no bolso ou usada num ritual de banho. Leve manjerona consigo para sua proteção e coloque-a sob o travesseiro para trazer revelações em sonhos. Use-a em feitiços para atrair dinheiro e boa fortuna. É uma erva de alegria, que pode ajudar a melhorar o humor e aliviar a tristeza se usada em infusão na água do banho todos os dias por uma semana, ou quando misturada na comida. Quando ingerida, pode também fortalecer os sentimentos de amor.

PATCHULI (*Pogostemon cablin*)

Queimar *patchuli* como incenso promove um efeito de aterramento, produz um senso de equilíbrio emocional e pode nos conectar com a Terra e suas energias. Também equilibra o chacra raiz. É associado à magia do dinheiro – use-o para envolver uma vela verde, e queime a vela para atrair fortuna, ou polvilhe-o sobre os cartões de crédito em sua carteira para abundância e prosperidade. Adicione *patchuli* à água e, com essa água, lave os pisos de sua casa para trazer energias calmantes e pacíficas ao seu lar.

PIMENTA CAIENA (*Capsicum annuum*)

A pimenta caiena deriva da polpa desidratada da pimenta malagueta. É usada em feitiços de banimento e em feitiços que buscam reverter qualquer tipo de negatividade. Também pode ser usada em maldições e pragas, o que a torna um ingrediente essencial para reverter esse tipo de magia. Polvilhe pimenta caiena ao redor de sua casa para quebrar uma maldição. Adicione-a a feitiços que buscam remover obstáculos que o impeçam de atingir seus objetivos. Adicioná-la a qualquer tipo de feitiço também ajuda a fortalecer o efeito das ervas utilizadas.

ATENÇÃO! *Mantenha a pimenta caiena longe dos olhos e de áreas delicadas, para evitar irritações. Sempre lave bem as mãos após o manuseio desse ingrediente.*

PIMENTA-DA-JAMAICA (*Pimenta Dioica*)

A pimenta-da-jamaica é derivada de um ramo tropical do gênero murta que produz pequenas flores brancas e frutinhas silvestres; ambas podem ser usadas em feitiços de cura. Seus frutos podem ser queimados como incenso para cura e são bons para ser usados em feitiços relacionados à fortuna e a finanças. Coloque um pouco de pimenta-da-jamaica num pote ou num saquinho de feitiço para atrair dinheiro e guarde-o na sua carteira ou em sua bolsa para atrair fortuna. A pimenta-da-jamaica é um ótimo ingrediente em feitiços que atraem boa sorte e sucesso nos negócios. Polvilhe um pouco dela nos quatro cantos de sua sala de trabalho, seja em casa, no escritório ou em sua empresa. Também podemos adicionar pimenta-da-jamaica em qualquer feitiço para elevar a energia e o senso de determinação.

SALSINHA (*Petroselinum crispum*)

As sementes, as raízes e as folhas da salsinha, ou salsa, podem ser usadas para purificação e para comunicação com os espíritos e os domínios além desta vida se queimadas como incenso ou usadas em infusão num ritual de banho. Para se beneficiar de suas qualidades protetivas, use as sementes da salsinha em seu altar para manter as energias negativas afastadas ou num saquinho de feitiços para proteção pessoal. Usada como amuleto ou ingerida na comida, a salsinha ajuda a promover a força e a vitalidade, a aumentar a fertilidade, a invocar desejo e paixão e a atrair boa sorte.

ZIMBRO (*Juniperus communes*)

O zimbro é muito protetivo e nos protege sobretudo contra o roubo. Pendure um pouco acima de sua porta para guardar o seu lar. Também pode ser usado para limpeza e eliminação de espíritos negativos. Moa-o com um pilão e adicione-o ao incenso para liberar sua fumaça purificadora e evocar energias positivas. Unte a si mesmo com óleo de zimbro para remover quaisquer energias indesejadas ou negativas. Adicione zimbro a feitiços de amor e use as bagas em saquinhos, amuletos e óleos para atrair amor e elevar as vibrações espirituais.

GRIMÓRIO DE ERVAS E ESPECIARIAS

1. Zimbro – Proteção, limpeza, amor, aumento de vibrações.
2. Manjerona – Amor, boa saúde, proteção, sonhos.
3. Salsinha – Purificação, comunicação espiritual, proteção, fertilidade, boa sorte.
4. *Patchuli* – Aterramento, dinheiro, abundância, paz.

ARRUDA (*Ruta graveolens*)

A arruda é uma erva usada para quebrar maldições e pragas e para afastar o mal. Plante um pouco dela perto da sua porta de entrada para quebrar qualquer feitiço negativo que possa ter sido lançado sobre a sua casa ou sobre aqueles que vivem nela. É uma erva que ajuda a aumentar as habilidades psíquicas – queime arruda desidratada como incenso, use em rituais de banho ou coloque-a sobre seu terceiro olho (o centro da testa) para fortalecer e desenvolver a segunda visão. Associada à cura, a arruda é adicionada a bonecos de boa saúde e cura e a sachês.

ATENÇÃO! *Arruda fresca pode irritar a pele, então, sempre a utilize desidratada. Caso colha sua arruda na natureza ou de seu próprio vaso, manuseie-a com cuidado até que esteja completamente desidratada, e sempre lave bem as mãos depois de manusear arruda fresca.*

ESTRAGÃO (*Artemisia dracunculus*)

O estragão é uma erva protetiva. Polvilhe-o sobre os peitoris das janelas e nas soleiras das portas de sua casa para proteção contra ladrões. Também é usado para ajudar a aumentar a autoconfiança e é associado à magia relacionada à compaixão e à coragem. Use-o num saquinho de feitiço e leve-o consigo no bolso durante o dia. O estragão também é usado para banir energias negativas. Queime-o como incenso ou consuma-o na comida para se beneficiar de suas capacidades purificadoras.

HORTELÃ-PIMENTA (*Mentha piperita*)

A hortelã-pimenta elimina energias negativas quando queimada como incenso. Mantê-la em seu altar incentivará espíritos bons a auxiliar suas atividades. Também é associada à elevação das habilidades psíquicas. Mantenha algumas folhas de hortelã-pimenta junto ao seu baralho de tarô ou de seu oráculo para que fiquem purificados e auxiliem na adivinhação. A hortelã-pimenta pode propiciar um sono restaurador e produzir vislumbres do futuro quando colocada num travesseiro dos sonhos. Bebê-la em forma de chá antes de dormir também pode ajudar nisso. Esfregue uma folha de hortelã-pimenta em suas têmporas (cuidado com os olhos) com o intuito de esvaziar a mente e promover clareza.

VALERIANA (*Valeriana officinalis*)

A valeriana é muito conhecida por sua capacidade de promover tranquilidade, reduzir ansiedade e auxiliar o sono. Coloque um pouco sob o travesseiro para ter uma boa noite de sono ou beba-a na forma de chá antes de dormir. É melhor usá-la em pó, em virtude de seu cheiro forte – moa a raiz e use-a em feitiços ou saquinhos de proteção. Também pode proteger contra a magia negativa praticada por outras pessoas. Quando queimada como incenso, a valeriana pode purificar seu altar ou seu espaço de ritual, além de ajudar a criar um ambiente calmo.

GRIMÓRIO DE ERVAS E ESPECIARIAS

1. Hortelã-pimenta – Habilidades psíquicas, limpeza, bom sono, clareza.
2. Arruda – Quebra de maldições, habilidades psíquicas, cura, boa saúde.
3. Estragão – Proteção, autoconfiança, coragem, banimento.
4. Valeriana – Tranquilidade, auxílio ao sono, proteção, purificação.

GRIMÓRIO DE FLORES

1. Calêndula – Proteção, questões jurídicas, sonhos.
2. Cravo – Quebra de maldições, cura, amor.
3. Margarida – Amor, adivinhação, quebra de feitiços.
4. Sabugueiro – Cura, boa saúde, proteção, purificação.

GRIMÓRIO DE *Flores*

CALÊNDULA (*Calendula officinalis*)

Utilizadas para magia de proteção, as pétalas de calêndula podem ser queimadas como incenso e usadas em saquinhos e potes de feitiços. Plante uma muda de calêndula perto de sua porta de entrada para proteger a casa contra ladrões. As flores da calêndula podem ser adicionadas a um banho para ajudar a obter o respeito de todas as pessoas que conhecemos. Associadas à justiça e a questões jurídicas, as flores podem ser levadas consigo a uma audiência e podem ajudar a obter um resultado favorável. Para incentivar sonhos proféticos, durma com a cabeça sobre um travesseiro preenchido com suas flores e adicione-as ao seu chá de costume, que você toma antes de dormir.

CRAVO (*Dianthus caryophyllus*)

Os cravos são protetivos e podem quebrar maldições. Queime-os como incenso para remover energias negativas de um ambiente. Use flores vermelhas e brancas em seu banho para trazer estabilidade à sua vida amorosa. Cravos são associados à cura. Coloque um maço de cravos em seu quarto para ajudar em seu processo de cura quando estiver doente. Use cravos em seu altar ao executar feitiços ou rituais de cura. A melhor hora para colhê-los é ao meio-dia, quando o Sol está no ápice de seu poder.

GERÂNIO (*Geranium maculatum*)

Gerânios são associados à magia de amor. Moa flores de gerânio rosa e esfregue-as numa vela cor-de-rosa com o intuito de abrir o coração para o amor. Suas flores também ajudam a equilibrar as energias passivo-agressivas e a ampliar o senso de aceitação. Use gerânios no chá para neutralizar feitiços amorosos que tenham sido lançados sobre você. As flores de gerânio branco podem ser usadas em chás, rituais de banho e saquinhos de feitiço para aumentar a fertilidade. Use flores de gerânio vermelho em sachês de proteção.

GIRASSÓIS (*Helianthus annuus*)

Essa flor vibrante e alegre simboliza boa sorte. Faça um ritual de banho com pétalas de girassol ou com as sementes dele para aumentar a fertilidade. Girassóis são associados à honestidade; dormir com um girassol sob o travesseiro pode ajudar a descobrir a verdade sobre uma questão ao acordar na manhã seguinte. As pétalas e as sementes podem ser usadas para magia de proteção, e carregá-las consigo num saquinho pode proteger contra doenças e promover boa saúde.

HIBISCO (*hibiscus*)

O hibisco pode ser usado em magia de amor. As flores podem ser usadas em misturas aromáticas e saquinhos de feitiços. Use flores de hibisco vermelho em incensos, borrifadores, saquinhos de feitiços, ou faça um chá para aumentar o desejo e a paixão. O hibisco de flor amarela pode ser usado para trazer paz; use-o na água para lavar o chão com o intuito de trazer harmonia ao seu lar. O hibisco de flor roxa é associado a habilidades psíquicas e pode ampliar a clarividência. Queime suas pétalas como incenso durante rituais de adivinhação.

JASMIM (*Jasminum grandiflorum*)

Queime jasmim como incenso no quarto ou coloque suas flores sob o travesseiro para induzir sonhos proféticos. Unte uma vela com óleo de jasmim para atrair proteção psíquica. Como a flor do jasmim está associada à magia para atrair dinheiro, coloque-a num saquinho junto a uma moeda e mantenha-o perto de sua carteira, ou use óleo de jasmim para untar uma vela verde e queime-a com o intuito de trazer fortuna. Flores de jasmim têm uma forte conexão com magia de amor. Coloque suas pétalas num pote de feitiços junto a um pouco de mel a fim de atrair todas as formas de amor para a sua vida.

MADRESSILVA (*Lonicera caprifolium*)

Queimar madressilvas como incenso traz fortuna. Coloque as flores em saquinhos e espalhe-os pela casa para atrair prosperidade. Acredita-se que flores de madressilva trituradas e esfregadas sobre o terceiro olho (o centro da testa) ampliam as habilidades psíquicas. Até mesmo cheirar a fragrância inebriante das flores pode trazer clareza, elevar os poderes psíquicos e fortalecer a intuição. Queime-as como incenso ao praticar adivinhação para aguçar sua segunda visão. Em virtude de suas qualidades protetivas, cultivá-las em seu jardim trará boa sorte e proteção.

MALVA (*Malva sylvestris*)

Flores de malva azul desidratadas podem ser usadas em feitiços de amor. Você pode misturá-las no incenso ou carregá-las num saquinho para atrair amor e elevar a energia sexual. São associadas à proteção, por isso, podem ser usadas em defumadores. Faça uma infusão de flores de malva com água fervente. Espere esfriar, coe o líquido e despeje-o num borrifador, para ser usado na proteção pessoal, ou use-o para lavar as janelas de sua casa com o intuito de proteger o lar. Prepare uma maceração de malva deixando suas flores num vidro com óleo por duas semanas, para criar um filtro de proteção.

GRIMÓRIO DE FLORES

1. Gerânio – Amor, fertilidade, proteção, equilíbrio.
2. Hibisco – Amor, desejo e paixão, habilidades psíquicas.
3. Madressilva – Dinheiro, prosperidade, habilidades psíquicas, boa sorte.
4. Jasmim – Sonhos proféticos, dinheiro, amor.

MARGARIDA (*Bellis perenis [Europeia], Chrysanthemum leucanthemum [Americana]*)

A margarida, ou bem-me-quer, é associada ao amor. Acredita-se que dormir com margaridas debaixo do travesseiro reacende a chama de um amor antigo. Carregar uma margarida consigo ou usá-la como adorno atrai o amor, mas não um amor do tipo apaixonado; isso torna as margaridas mais adequadas aos feitiços de amor e aos relacionamentos e amores de longo prazo ou às amizades platônicas. Também podem ser usadas para auxiliar nas adivinhações simples. Faça uma pergunta de "sim ou não" e, então, arranque as pétalas da flor, uma por uma, alternando entre sim e não, até chegar à última pétala, que dará a sua resposta.

PAPOULA (*Papaver*)

A papoula tem muitas utilidades. Pode ser usada em feitiços de amor, fertilidade e dinheiro. Também pode ajudar a controlar a insônia. Encha um saquinho com sementes e flores de papoula e coloque-o embaixo do seu travesseiro para ter uma boa noite de sono. Se quiser saber a resposta para uma pergunta, escreva-a num pedaço de papel e coloque-o num saquinho com sementes de papoula – a resposta aparecerá em seus sonhos.

SABUGUEIRO (*Sambucus nigra*)

O sabugueiro tem incríveis propriedades de cura. Adicione flores de sabugueiro ao seu banho ou faça uma infusão para promover cura emocional e espiritual e combater estresse mental e relacionado às emoções. Adicione-o a um saquinho de feitiços com arruda e endro desidratados para atrair boa saúde e afastar doenças. As flores também são usadas em incensos de proteção e purificação e feitiços de descruzamento, e podem ser usadas para quebrar magia que tenha sido lançada sobre você.

GRIMÓRIO DE FLORES

1. Malva – Amor, proteção.
2. Papoula – Amor, fertilidade, dinheiro, bom sono.
3. Girassol – Boa sorte, verdade, boa saúde, proteção.

ERVAS, FLORES E ESPECIARIAS *por Intenção*

Esta seção foi criada para facilitar a pesquisa sobre as plantas necessárias para seus feitiços. Se estiver planejando um feitiço, mas não souber quais plantas usar, procure na lista de intenções a seguir. Encontre a intenção que se alinha à sua magia para identificar a lista de ervas, especiarias e flores que podem ser usadas.

Incluí uma variedade de plantas comuns para que a maioria dos ingredientes naturais ao seu redor possa ser aproveitada. A lista também engloba plantas conectadas a cada um dos quatro elementos para fazer dessa seleção uma coleção abrangente de plantas classificada por intenção. Essas correspondências comumente conhecidas foram retiradas da *Enciclopédia das Ervas Mágicas do Cunningham*, de Scott Cunningham, e eu também adicionei ervas, especiarias e flores que descobri que funcionam para cada intenção, com base em minha prática.

ABUNDÂNCIA
Camomila, gengibre, jacinto-silvestre, madressilva.

ADIVINHAÇÃO
Absinto, arruda desidratada, artemísia, calêndula, cânfora, dente-de-leão, hera, hibisco, lavanda, margarida, menta, milefólio, raiz de íris, rosa, sálvia, tomilho, ulmária, verbena.

AMIZADE
Alecrim, cravo, ervilha-de-cheiro, gardênia, gerânio, jasmim, lavanda, passiflora, prímula, milefólio, trevo.

AMOR
Alecrim, arruda desidratada, erva-cidreira, escutelária, hibisco, jacinto, jasmim, lavanda, malva, manjerona, menta, papoula, rosa, tomilho, tulipa, valeriana, verbena.

ATERRAMENTO
Alecrim, camomila, dente-de-leão, lavanda, sálvia, sândalo, verbena.

BANIMENTO
Alecrim, angélica, arruda desidratada, artemísia, canela, confrei, hortelã-pimenta, lilás, manjericão, milefólio, olíbano, *patchuli*, pimenta caiena, rosa, ulmária, verbena, violeta.

Clareza

Alecrim, arruda desidratada, cravo, dente-de-leão, erva-cidreira, girassol, hortelã-pimenta, íris, jasmim, lavanda, madressilva, manjericão, olíbano, sálvia, sândalo, verbasco.

Criatividade

Alecrim, camomila, canela, cardamomo, hortelã-pimenta, lavanda, lírio, margarida, *patchuli*, rosa, valeriana, verbena.

Cura

Alecrim, arruda desidratada, babosa, funcho, gengibre, *ginseng*, hera, jasmim, lavanda, manjericão, margarida, menta, mirra, olíbano, sálvia, urtiga, valeriana.

Dinheiro

Dente-de-leão, endro, erva-cidreira, funcho, girassol, jasmim, madressilva, manjerona, menta, noz-moscada, papoula, *patchuli*, pinha, rúmex, tomilho, valeriana, verbena.

Felicidade

Artemísia, bergamota, calêndula, coentro, cravo, erva-cidreira, erva-dos-gatos, gerânio, girassol, jacinto, jasmim, madressilva, manjerona, milefólio, olíbano, rosa, tomilho, violeta.

Fertilidade

Girassol, espinheiro-branco, mostarda, murta, narciso, papoula, parreira, *patchuli*, pinha, romã, rúmex, samambaia.

Força

Açafrão, alecrim, artemísia, canela, cardo, confrei, cravo, ervilha-de-cheiro, girassol, lavanda, rosa, madressilva, tomilho.

Habilidades psíquicas

Absinto, artemísia, canela, cravo, dente-de-leão, erva-dos-gatos, hibisco, hortelã-pimenta, íris, jasmim, lavanda, milefólio, mirra, noz-moscada, olíbano, rosa, sândalo, verbasco.

Prosperidade
Benjoim, canela, gengibre, manjericão, *patchuli*, tulipa.

Proteção
Agrimônia, alcarávia, artemísia, cardo, cominho, cravo, eucalipto, gualtéria, jacinto, lavanda, lilás, louro, mirra, pimenta, prímula, sálvia, samambaia, urtiga, urze, zimbro.

Intuição
Alecrim, escutelária, eufrásia, hibisco, lavanda, semente de funcho, tomilho.

Limpeza
Alecrim, artemísia, canela, cedro, eucalipto, lavanda, louro, zimbro.

Purificação
Alecrim, cúrcuma, funcho, íris, lavanda, menta, tomilho, valeriana, verbena.

Quebra de feitiços de amor
Lírio, lótus.

Quebra de feitiços negativos
Cardo, gualtéria, hortênsia, manjericão, pimenta malagueta.

Questões jurídicas e justiça
Calêndula, nogueira, ramno.

Saúde
Alcarávia, arruda desidratada, cânfora, coentro, gerânio, manjerona, noz-moscada, samambaia, tomilho, zimbro.

Sono
Alecrim, cinco-em-rama, hortelã-pimenta, lavanda, noz-moscada, passiflora, valeriana, verbena.

Sorte
Anis-estrelado, girassol, lavanda, lilás, menta, musgo, milefólio, papoula, *patchuli*, samambaia, trevo de quatro folhas, tomilho, urtiga.

Superação de obstáculos
Absinto, capim-bruxa, hibisco, jacinto-silvestre, pimenta caiena, raiz de chicória, mirra, raiz de íris, sálvia.

O HORÓSCOPO DAS ÁRVORES *do Zodíaco Celta*

O horóscopo das árvores do zodíaco celta se baseia no sistema de crenças dos druidas. Esses sacerdotes celtas tinham uma conexão profunda com a natureza e acreditavam que as árvores eram uma fonte de sabedoria anciã e sagrada. Os druidas consideravam que a hora e a data de nascimento de uma pessoa tinham ligação direta com seu caráter e a formação de sua personalidade. A base do horóscopo das árvores é um antigo calendário lunar com 13 ciclos lunares conectados a 13 árvores celtas diferentes, em vez dos 12 signos do zodíaco ocidental.

Cada árvore representa as características das pessoas nascidas durante determinada época, conforme listado a seguir. A madeira também pode ser incorporada em sua Prática de formas variadas. Pode ser adicionada ao incenso e queimada, e pode ser usada para confeccionar ferramentas como varinhas, vassouras, cabos de bolines e estátuas entalhadas em madeira.

AMIEIRO
Independente, competitivo, extrovertido, confiante.

AVELEIRA
Organizado, analítico, perfeccionista, acadêmico.

AZEVINHO
Prático, perseverante, perfeccionista, forte.

BÉTULA
Forte, dedicado, motivado, resiliente.

CARVALHO
Otimista, determinado, bom líder, motivado.

ESPINHEIRO-BRANCO
Criativo, tem bom senso de humor, caloroso.

FREIXO
Livre-pensador, realista, racional, compassivo.

HERA
Enérgico, otimista, extrovertido, carismático.

JUNCO
Tem força interior, é reservado, ciumento, virtuoso.

SABUGUEIRO
Enérgico, busca emoção e liberdade, é extrovertido.

SALGUEIRO
Cauteloso, eloquente, mestre por natureza, intuitivo.

SORVEIRA
Idealista, espiritualista, líder, e não seguidor, artista.

VIDEIRA
Perceptivo, gentil, adaptável, romântico, refinado.

O HORÓSCOPO DAS ÁRVORES DO ZODÍACO CELTA

SORVEIRA
(22 de janeiro – 18 de fevereiro)

FREIXO
(19 de fevereiro – 17 de março)

AMIEIRO
(18 de março – 14 de abril)

SALGUEIRO
(15 de abril – 12 de maio)

ESPINHEIRO-BRANCO
(13 de maio – 9 de junho)

CARVALHO
(10 de junho – 7 de julho)

AZEVINHO
(8 de julho – 4 de agosto)

AVELEIRA
(5 de agosto – 1º de setembro)

VIDEIRA
(2 de setembro – 29 de setembro)

HERA
(30 de setembro – 27 de outubro)

JUNCO
(28 de outubro – 24 de novembro)

SABUGUEIRO
(25 de novembro – 23 de dezembro)

BÉTULA
(24 de dezembro – 21 de janeiro)

OS SAIS E SUAS *Propriedades*

O sal é considerado um dos minerais mais sagrados produzidos pela Terra e tem uma conexão de longa data com a Bruxaria. É usado para representar o elemento Terra num altar e na magia dos elementos, e muitos feitiços e rituais fazem uso dele. O sal é usado, principalmente, para purificação e limpeza. Também é usado para proteção, como na formação de um círculo, e pode ser usado para banir ou criar barreiras. Evite usar sal em feitiços e rituais realizados em áreas externas, pois esse ingrediente mata todas as plantas e os insetos que alcança. Cascas de ovos trituradas ou areia são uma ótima alternativa.

SAL DE COZINHA

Bom para proteção, limpeza e purificação, ele é acessível, fácil de encontrar, e uma boa adição à despensa de qualquer Bruxa. O sal de cozinha substitui qualquer tipo de sal; portanto, se for o único sal disponível, funcionará em qualquer feitiço. Sal é sal, independentemente de sua cor ou sua granulação, e todos os sais têm propriedades protetoras e purificadoras.

SAL MARINHO

Mais alvo e arenoso do que o sal de cozinha, o sal marinho se alinha à magia associada ao elemento Água, especificamente ao oceano. É uma excelente adição a rituais de banhos purificantes.

SAL NEGRO

Feito de sal misturado com carvão ou com as lascas pretas do seu caldeirão, o sal negro é muito protetor e é usado para absorver energias tóxicas, o que o torna ideal para ser usado em feitiços de proteção e na formação de círculos. Misture sal com as cinzas de incenso ou carvão se precisar de uma receita rápida. Se ainda estiver no armário das vassouras, mas puder queimar incenso em bastão, saiba que o sal negro pode ser feito em levas pequenas, o que é mais fácil de disfarçar.

SAL ROSA DO HIMALAIA

Este sal adquire sua cor a partir de traços de minerais como cálcio e magnésio. Sua energia suave é imensamente curativa e pode remover qualquer bloqueio negativo. Em virtude de sua cor rosa, é tradicionalmente usado em magia de amor. Pode ajudar a curar amizades, é uma boa adição a rituais de amor-próprio e auxilia na cura emocional. Também pode remover feitiços de amor.

SAL MARINHO CELTA

De cor cinza claro, o sal celta contém um pouco de água; por isso, pode parecer úmido. É considerado a forma mais pura do sal, o que significa que pode ser mais eficaz na limpeza e na purificação.

SAL VERMELHO

Este sal marinho não processado, originário do Havaí, é misturado com argila vulcânica vermelha. Protetivo e purificante, é usado em magia associada a amor e desejo.

OS SAIS NA BRUXARIA

SAL DE COZINHA
Oferece proteção e purificação universal.

SAL MARINHO
Associado à magia alinhada ao elemento Água.

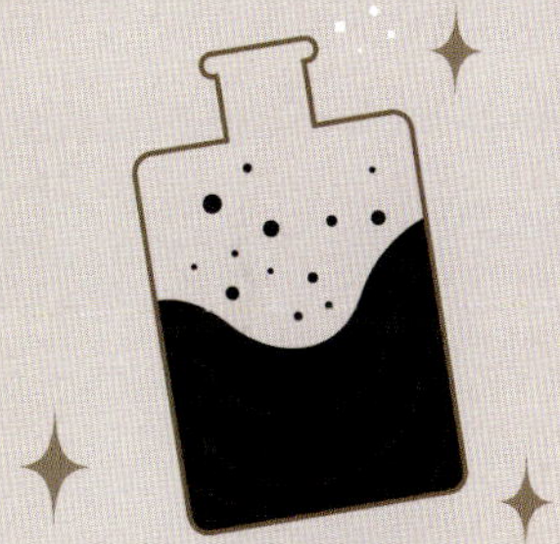

SAL NEGRO
Altamente protetivo.

SAL ROSA DO HIMALAIA
Ótimo para magia de amor e cura.

SAL MARINHO CELTA
Associado à limpeza e à purificação.

SAL VERMELHO
Associado à magia de amor e desejo.

PROPRIEDADES DAS RESINAS E GOMAS

BENJOIM
Purificação, limpeza, proteção.

COPAL
Aterramento, proteção, amor.

SANGUE DE DRAGÃO
Amor, limpeza, proteção.

OLÍBANO
Purificação, consagração, proteção.

GOMA-ARÁBICA
Ampliação de vibrações, amor platônico, proteção.

MIRRA
Purificação, cura, banimento.

RESINAS
e Gomas

As resinas e as gomas são substâncias naturais e viscosas obtidas a partir de árvores e plantas; em geral, são extraídas por meio de estrias na árvore ou na planta. As resinas não são solúveis em água, mas as gomas são. Ambas contêm fragrâncias inebriantes e podem ser usadas em rituais e feitiços, queimadas como oferendas e utilizadas como ingrediente básico para incensos.

BENJOIM (*Styrax benzoim*)

Esta resina é altamente purificante. O benjoim atrai boas energias e afasta negatividade, de forma que é uma adição ideal a feitiços de proteção. Pode ser carregado num saquinho de feitiço ou polvilhado pela casa para proteção. Também pode ser queimado para ajudar a concentração e o foco mental.

COPAL (*Bursera odorata*)

A resina copal é boa para eliminar energias estagnadas num ambiente, e sua fragrância leve transforma as energias negativas em positivas. Usada em magia de amor, pode representar o coração num boneco. Pode ser queimada como um incenso de aterramento durante a meditação, e é uma substituta bem prática de qualquer resina ou goma.

GOMA-ARÁBICA (*Acacia senegal*)

Esta goma natural é usada em feitiços de proteção e pode ajudar a estimular capacidades psíquicas. Queimada como incenso, eleva as vibrações num espaço. É usada em magia de amor, mas apenas para amores e amizades platônicos. A goma-arábica (assim como todas as resinas) pode servir de liga entre ingredientes de incenso – dissolva-a num pouco de água quente antes de adicionar os outros ingredientes.

MIRRA (*Commiphora myrrha*)

Esta resina natural é purificante quando queimada como incenso. Também pode ser usada com olíbano em feitiços de banimento e na reversão de magia negativa, como maldições. A mirra pode ser utilizada para curar e intensifica o poder de todos os ingredientes misturados a ela.

OLÍBANO (*Boswellia carterii*)

A goma de olíbano é aromática e purificante quando queimada como incenso. É ideal para limpar o seu espaço sagrado e seu altar. Quando queimado, o olíbano pode ser usado para consagrar ferramentas e objetos mágicos: passe o objeto que deseja consagrar pela fumaça. Carregue no bolso um pouco de olíbano para proteção.

SANGUE DE DRAGÃO (*Daemonorops draco*)

Esta resina é usada em magia de amor, limpeza, proteção e banimento. Queime-a como incenso para limpar a negatividade de um ambiente. Moa-a até virar um pó e polvilhe-a pela casa e nas soleiras das portas para proteção contra influências externas.

FAZENDO O PRÓPRIO
Incenso

Podemos fazer incenso natural a partir de inúmeros ingredientes diferentes. Resinas como olíbano e copal são usadas com frequência como base, pois fazem fumaça e duram mais tempo. Madeiras como sândalo e cedro também são possíveis ingredientes. Assim como as resinas e as gomas, a madeira forma uma boa base e, em geral, é adicionada para fazer o incenso durar mais. As ervas, com toda a certeza, são os ingredientes mais populares em incensos naturais, mas elas queimam de maneira muito rápida sozinhas; por isso, costumam ser misturadas com uma resina, uma goma ou um pouco de madeira.

O primeiro passo para fazer o próprio incenso é escolher os ingredientes. Consulte as seções "Ervas, Flores e Especiarias por Intenção" (p. 76) e "Resinas e Gomas" (p. 85) para escolher ingredientes que se alinhem à sua intenção – isso é o mais importante quando você fizer o seu incenso, pois a mistura deve refletir e fortalecer seu propósito específico para poder auxiliar na manifestação de seu objetivo escolhido.

Também é possível escolher seus ingredientes com base na fragrância. Todas as ervas, madeiras e resinas têm sua própria nota particular, e escolher o que se deseja utilizar com base nas diferentes profundidades de fragrância é um modo de garantir que o seu incenso tenha um aroma incrível, também alinhado às suas intenções. Em regra, tenho descoberto que escolher pelo menos dois ingredientes com notas de base, dois a três com notas de corpo e dois a três com notas de topo funciona bem, mas experimente e veja o que funciona melhor para você em termos de propriedades mágicas, bem como de aroma.

NOTAS DE BASE

Âmbar, benjoim, cedro, copal, mirra, *patchuli*, olíbano, sálvia, sândalo, sangue de dragão, valeriana, zimbro.

NOTAS DE CORPO

Açafrão, artemísia, camomila, cânfora, capim-limão, cravo, cúrcuma, erva-cidreira, erva-doce, erva-dos-gatos, hissopo, íris, lavanda, manjericão, rosa, ruibarbo.

NOTAS DE TOPO

Agulha de pinheiro, alecrim, anis-estrelado, cardamomo, coentro, eucalipto, gengibre, hibisco, louro, manjerona, noz-moscada, tomilho.

Meça cada parte de seus ingredientes por peso usando uma balança, ou por volume usando colheres e xícaras. Depois, misture os ingredientes, combinando-os por completo. Ao fazê-lo, coloque suas intenções no incenso. Concentre-se nas propriedades de cada ingrediente, pense em como podem ajudá-lo a manifestar seus objetivos e como você se sentirá ao alcançá-los. Quando estiver pronto, aqueça um disco de carvão e coloque-o num recipiente resistente a altas temperaturas. Espere alguns minutos até que o carvão comece a ficar branco e, então, polvilhe seu incenso sobre ele para liberar os aromas.

FAZENDO O PRÓPRIO INCENSO

INÍCIO

1. Escolha ingredientes que se alinhem às suas intenções

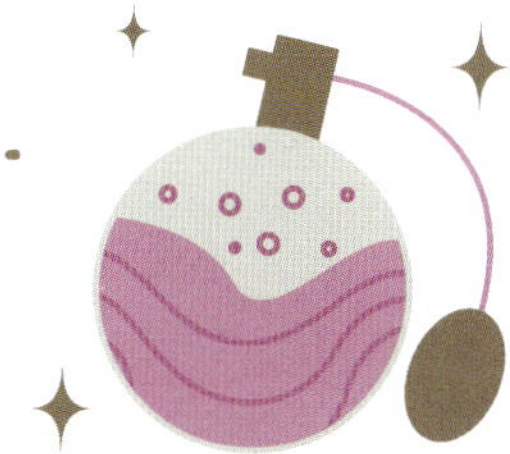

2. Você também pode escolher ingredientes com base na fragrância.

3. Misture os ingredientes, combinando-os por completo.

4. Experimente combinações diferentes para ver o que funciona melhor para você.

5. Ao fazê-lo, coloque suas intenções no incenso para fortalecer suas propriedades.

6. Queime-o sobre um disco de carvão quente para liberar os aromas. Aproveite!

FIM

OS METAIS *e suas Propriedades*

Muitos de nós usamos joias, mas, com frequência, o cristal ou a pedra cravada no metal é o foco e o motivo pelo qual escolhemos usá-las, acima de tudo. No entanto, os metais não devem ser ignorados! Assim como as ervas e as resinas, eles têm propriedades mágicas diferentes e podem ser usados em feitiços e rituais como qualquer outro ingrediente.

Usar metais na magia não é algo tão discutido quanto deveria ser – não são apenas os presentes verdes que a Terra produz que podem ser usados de forma eficaz nos feitiços. Tudo na Terra tem sua própria energia, que conduz poder a um feitiço ou a um ritual, e não é diferente com os metais. Também é um modo sutil de "vestir" a sua Prática caso esteja exercendo-a no armário das vassouras. Uma joia de um metal correspondente pode ser usada com o intuito de apoiar suas intenções para um determinado dia.

Veja a seguir os metais mais usados na Bruxaria e suas respectivas utilidades e propriedades mágicas.

OURO

Alinhado às energias do Sol, o ouro é associado à fortuna e à abundância. Pode ser usado como um amuleto de dinheiro para atrair prosperidade. O ouro amplifica qualquer outro cristal ou pedra que seja colocado junto a ele. O ouro branco combina a energia do Sol e da Lua e amplifica as energias dos cristais e das pedras que forem postos com ele.

PRATA

Conectada às energias da Lua e ao elemento Água, a prata tem energias femininas. É alinhada à magia associada a habilidades psíquicas, sabedoria e intuição, e é usada para ampliar os poderes de adivinhação. Também está conectada ao reino espiritual e à deusa Selene. Use ametista cravada numa joia de prata durante uma adivinhação para elevar suas habilidades, ou use pedra da lua em prata para se conectar aos ciclos da Lua.

COBRE

Este metal se alinha a Vênus e é associado a amor, equilíbrio, prosperidade e beleza. Também tem muitas propriedades de cura, razão pela qual se usam pulseiras de cobre com frequência. Os fios de cobre podem ser usados para envolver cristais em feitiços e rituais. Use uma pedra de quartzo rosa envolvida num fio de cobre com o intuito de atrair amor para a sua vida ou uma pedra de quartzo transparente envolvida num fio de cobre para trazer equilíbrio. Use moedas de cobre em feitiços para atrair dinheiro e prosperidade.

METAIS E SUAS PROPRIEDADES

OURO

O Sol
Fortuna
Abundância
Prosperidade
Amplificação de energias

PRATA

A Lua
Habilidades psíquicas
Sabedoria
Intuição
Adivinhação

COBRE

Vênus
Amor
Equilíbrio
Prosperidade
Beleza

5

CRISTAIS

Com suas cores maravilhosas e formatos extraordinários, os cristais são, já há muito tempo, uma fonte de fascínio para os humanos. São associados ao elemento Terra, e trabalhar com eles pode aprofundar nosso relacionamento com o mundo natural, conforme nos conectamos com as energias próprias do solo sob os nossos pés.

Formados nas profundezas da Terra ao longo de milhares de anos, cada tipo de cristal tem uma energia específica. Escolher os cristais certos para o seu feitiço ou ritual pode ajudar a canalizar as energias e auxiliar sua magia.

Trabalhar com cristais não é essencial, portanto, você não é menos Bruxa se não sentir um chamado para incluí-los em sua prática. Contudo, se quiser começar sua própria coleção, este capítulo apresenta os 16 cristais mais populares usados na Bruxaria, os elementos aos quais são associados, suas propriedades mágicas e o modo de usá-los.

Se você resolveu comprar cristais, a boa notícia é que, em geral, não são caros, mas é importante saber a origem deles, por isso, também levantarei algumas questões éticas para reflexão antes de você fazer sua próxima compra. Se estiver usando cristais em sua prática, é preciso tomar os devidos cuidados para aproveitá-los ao máximo. Neste capítulo, mostro como fazer isso – da limpeza ao carregamento energético, você verá quais cristais são resistentes à água e ao Sol, bem como aprenderá a escolher o formato ideal de cristal para suas atividades.

GRIMÓRIO DE *Cristais*

AMAZONITA (*Terra*)

O nome deste cristal vem do rio Amazonas, o lugar onde foi encontrado pela primeira vez. É uma pedra de uma mistura calmante de azul, verde e branco, conhecida por sua capacidade de trazer tranquilidade e paz. É perfeita para segurar durante a meditação, se precisar se aterrar e se centralizar ou equilibrar quaisquer emoções instáveis. A amazonita também é a pedra ideal para carregar consigo caso esteja passando por estresse ou agitação. Muitas vezes chamada de pedra da coragem, a amazonita pode ajudar a elevar seu senso de autoconfiança; é um bom cristal para carregar consigo se estiver se sentindo inseguro. Também ativa os chakras laríngeo e cardíaco, auxiliando e fortalecendo a comunicação.

AMETISTA (*Água*)

A ametista, um tipo de quartzo conhecido por suas qualidades protetivas, absorve as energias negativas. Carregue-a consigo ou use-a em joias para proteção pessoal ou coloque-a dentro de casa, perto da porta de entrada, para proteger o lar. A ametista pode acalmar, tranquilizar e trazer paz, o que a torna um excelente cristal para usar na meditação, bem como em magia relacionada a sono, ansiedade, estresse e bem-estar. Também ativa as habilidades psíquicas e é uma boa pedra para usar durante adivinhações. Ela abre o terceiro olho, aguçando o senso de consciência e intuição. Para ativar essa propriedade, mantenha-a sob o travesseiro ou sobre um diário de sonhos, ou deite-se e medite com uma ametista sobre a testa. Ela também incentiva a ocorrência de sonhos psíquicos.

AVENTURINA (*Ar*)

A aventurina é um quartzo microcristalino, em geral, de cor verde, conhecida por sua capacidade de manifestar prosperidade e fortuna e de atrair sorte. Carregue aventurina consigo como um amuleto da sorte para atrair abundância. Ela pode atiçar a criatividade e é ideal para ser usada quando se trabalha em algum projeto criativo. Também pode incentivar uma mentalidade mais positiva. Equilibra as emoções, ameniza a raiva e traz estabilidade – também abre o chakra cardíaco. Isso pode promover a gratidão e os sentimentos de compaixão. Use aventurina como joia, leve uma em seu bolso ou utilize durante a meditação.

CITRINO (*Fogo*)

Essa forma de quartzo amarelo traz um senso de calor, alegria, felicidade e boas vibrações em geral. Sua energia ensolarada pode elevar a autoconfiança e construir um sentimento de valor pessoal, por isso o citrino é ideal para ser usado em joias ou para ser carregado consigo durante o dia. Estimula o otimismo, a força de vontade e a vitalidade, e atrai prosperidade e abundância. Leve um pedaço de citrino na carteira para atrair fortuna. O citrino é a pedra da manifestação, e pode nos ajudar a alcançar nossos objetivos. Também protege contra pesadelos quando colocados sob o travesseiro.

GRIMÓRIO DE CRISTAIS

1. Amazonita – Tranquilidade, paz, coragem, autoconfiança.
2. Ametista – Proteção, habilidades psíquicas, sonhos, calma.
3. Aventurina – Prosperidade, sorte, criatividade, equilíbrio das emoções.
4. Turmalina negra – Proteção, habilidades psíquicas, aterramento, limpeza.

GRIMÓRIO DE CRISTAIS

1. Cornalina – Prosperidade, coragem, proteção, sucesso.
2. Citrino – Alegria, otimismo, abundância, manifestação.
3. Quartzo transparente – Amplificação de habilidades psíquicas, equilíbrio, cura.
4. Fluorita – Proteção, aterramento, estabilidade, habilidades psíquicas.

CORNALINA (*Terra e Fogo*)

A cornalina, um tipo marrom avermelhado de calcedônia, é um membro da família do quartzo. Atrai prosperidade e pode ser portada como um talismã para trazer sucesso em questões relativas a dinheiro. Pedra relacionada à tomada de atitude, a cornalina pode promover coragem, paixão, motivação e inspiração. Use-a num saquinho de feitiços ou carregue-a consigo quando trabalhar em projetos criativos com o intuito de elevar sua energia. A cornalina também é protetiva, em especial no plano astral. Use-a durante viagens astrais para proteção e para aumentar sua segunda visão. Também pode ajudar a descobrir habilidades e talentos ocultos.

FLUORITA (*Ar*)

Este mineral comum pode ser verde, azul e roxo. Ele purifica a mente e ajuda a trazer clareza e ordem. Coloque um pedaço de fluorita sobre sua mesa de trabalho ou onde estiver estudando para promover organização e estrutura no que estiver fazendo. A fluorita é uma pedra altamente protetiva e estabilizante, portanto, é ideal para uso em aterramento. Ela absorve energias negativas do ambiente e intensifica as habilidades psíquicas. Também pode ser colocada sob o travesseiro para nos proteger contra negatividade durante o sono, auxiliando a encontrar soluções em sonhos.

HEMATITA (*Terra*)

Este cristal preto e prata, opaco e semiprecioso, pode nos aterrar e equilibrar, assim como nos centralizar. A hematita pode trazer estabilidade, pois ativa o chakra da raiz e nos ancora à natureza. Ela absorve as emoções negativas ao redor, podendo reduzir sentimentos de estresse, preocupação ou ansiedade, e pode fazer que nos sintamos mais seguros. Também é protetiva e é uma boa pedra para levar consigo, pois absorve as energias eletromagnéticas e as dissipa. A hematita pode ajudar a focar a mente e auxiliar o raciocínio lógico: é um excelente cristal para estudantes ou pessoas que trabalham em algum projeto, pois aumenta a concentração e a imaginação.

JASPE VERMELHO (*Fogo*)

Esta pedra delicada pode nos nutrir e dar apoio em tempos difíceis. Auxilia a aliviar o estresse e a promover a tranquilidade. É um ótimo acompanhamento para qualquer ritual de autocuidado, pois oferece apoio e promove um senso de completude. O jaspe vermelho facilita a cura em nível emocional, trazendo calma e equilíbrio ao corpo. Se estiver com dificuldade para controlar suas emoções, esta é a pedra certa para manter com você, com o intuito de, com delicadeza, encontrar seu centro de novo. O jaspe vermelho é protetivo e absorve toda a energia negativa do ambiente ao seu redor. É um cristal ideal para ser usado como talismã de proteção e para corrigir injustiças.

LABRADORITA (*Água e Ar*)

Quando movimentamos esta pedra escura, ela mostra um arco-íris iridescente em tons de verde, amarelo, azul e vermelho. É associada à transformação espiritual e nos ajuda a acessar domínios de consciência mais elevados, bem como intensifica as visões. Ela nos ajuda a nos conectarmos com nossas capacidades intuitivas naturais e as intensifica. Segure-a ou use-a em joias durante adivinhações ou quando quiser se vincular com seu eu mais elevado. A labradorita também é uma pedra altamente protetiva e ajuda a desviar energias negativas, criando um campo de força protetor. É uma boa pedra para banir medos e inseguranças; use um cristal de labradorita rolada quando meditar para se libertar de qualquer incerteza ou preocupação.

PEDRA DA LUA (*Água*)

Este cristal branco e translúcido produz um brilho quando movimentado. Como essa pedra está conectada à Lua, também está ligada à intuição e ao aumento das habilidades psíquicas. Meditar com pedra da lua pode trazer um senso de calma, pois ela equilibra os chakras e intensifica a consciência. A pedra da lua tem uma energia feminina e é um lembrete de que nós, assim como a Lua, fluímos através de ciclos. Ela nos conecta à energia da Terra e de outros ciclos naturais que ocorrem ao nosso redor, na natureza. É uma pedra incrível para levar consigo numa caminhada em meio à natureza, conforme se observa a parte do ciclo ou da estação em que a Terra está no momento. A pedra da lua é um lembrete de que o mundo está em constante mudança, que é o ciclo da vida.

QUARTZO ENFUMAÇADO (*Terra*)

Este cristal de cor amarronzada dissipa o medo e é uma das melhores pedras para aterramento e para nos conectar ao elemento Terra. Pode aliviar a ansiedade e melhorar o humor. Mantenha um pedaço de quartzo enfumaçado por perto, para ajudar durante tempos de estresse. Ele também pode ajudar a focar sua concentração e a recuperar a clareza da mente e da visão. O quartzo enfumaçado transmuta as energias negativas no ambiente em energias positivas, e é uma pedra fortemente protetiva. Fornece proteção psíquica, portanto, é um bom cristal para usar durante trabalhos espirituais. Também pode ser usado para nos ajudar a deixar no passado as coisas que não servem ao nosso bem maior. Permita que o cristal auxilie com desapego mantendo um pedaço próximo a você, facilitando o processo.

QUARTZO ROSA (*Terra*)

Com seu delicado tom cor-de-rosa, o quartzo rosa é possivelmente o cristal mais fácil de se reconhecer. É a pedra do amor, que abre o chakra cardíaco para que possamos, ao mesmo tempo, dar e receber amor. Ele atrai o amor, e usá-lo pode nos ajudar a apreciar a beleza ao nosso redor. É a pedra perfeita para incluir em qualquer ritual de amor-próprio. Coloque algumas pedras roladas num pote com água limpa por 24 horas e, então, sorva-a ao longo do dia a fim de se abrir para as energias do amor. O quartzo rosa também pode ajudar a libertar-se de questões antigas e facilitar o perdão; portanto, é uma boa pedra para meditação.

GRIMÓRIO DE CRISTAIS

1. Hematita – Proteção, concentração, estabilidade, equilíbrio.
2. Labradorita – Proteção, banimento de medos, transformação, intuição.
3. Pedra da lua – Intuição, habilidades psíquicas, ciclos, equilíbrio.
4. Jaspe vermelho – Força, coragem, tranquilidade, proteção.

QUARTZO TRANSPARENTE (*Fogo e Água*)

Este condutor natural de energia é associado ao aumento de habilidades psíquicas. Use-o durante adivinhações para ter uma visão mais clara. Conhecido como o "mestre da cura", quando carregado consigo, o quartzo transparente pode auxiliar o sistema imunológico, regular o fluxo de energia interior e promover um senso de equilíbrio. Também pode ajudar a trazer clareza e a expandir a consciência. O quartzo transparente amplifica as propriedades dos cristais com os quais entra em contato; então, da próxima vez em que estiver trabalhando com cristais, adicione um quartzo transparente para ter um reforço de energia, colocando-o em seu altar ou usando-o numa joia.

SELENITA (*Água*)

Este cristal branco e translúcido tem uma energia fluida, e é usado para limpeza e afastamento de qualquer energia negativa. É um ótimo cristal para fazer limpeza e carregamento energético de outros cristais: apenas coloque os cristais que gostaria de recarregar junto a um pedaço de selenita por 24 horas. A selenita é associada à espiritualidade e à sabedoria, pois abre os chakras coronário e frontal (terceiro olho). Meditar com um pedaço de selenita em qualquer um desses chakras aumentará os níveis de intuição e expandirá a consciência. É excelente para desbloquear energias estagnadas e fazê-las fluírem de novo.

SODALITA (*Água*)

A sodalita, um cristal azul, em geral, tem veios brancos que correm por sua superfície. Essa pedra aprofunda e desenvolve seu senso de intuição e deixa sua mente mais aguçada e lógica. Isso pode ser benéfico quando usado em adivinhações, pois nos ajuda a ver padrões nas cartas que não percebíamos antes. A sodalita auxilia a comunicação clara e nos ajuda a expressar nossas emoções de modo que outras pessoas compreendam. É uma ótima companheira para aqueles que falam em público, pois acalma as emoções e eleva as habilidades de comunicação. Sua energia calmante pode trazer um sentimento de tranquilidade para amenizar a ansiedade, e é um bom cristal para estabilizar suas energias. Leve sodalita no bolso ou use-a em joias que toquem a pele para trazer paz.

TURMALINA NEGRA (*Terra*)

Este cristal poderoso é uma ótima adição a qualquer saquinho de feitiços de proteção e pode ser portado para proteção física e pessoal. Protege contra entidades negativas e tudo o que drena a sua energia. É uma boa adição a qualquer ritual de aterramento. A turmalina negra pode trazer um senso de equilíbrio e de estabilidade, por isso, é ideal para usar na meditação ou levar no bolso. É um cristal muito purificante e pode ser usado para eliminar as energias indesejadas de sua aura e limpar outros cristais.

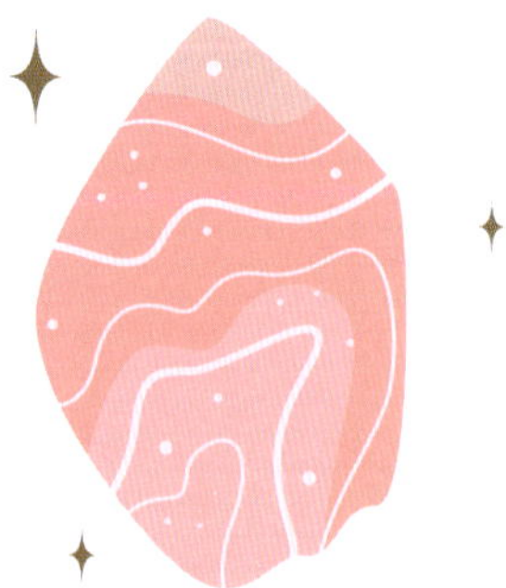

GRIMÓRIO DE CRISTAIS

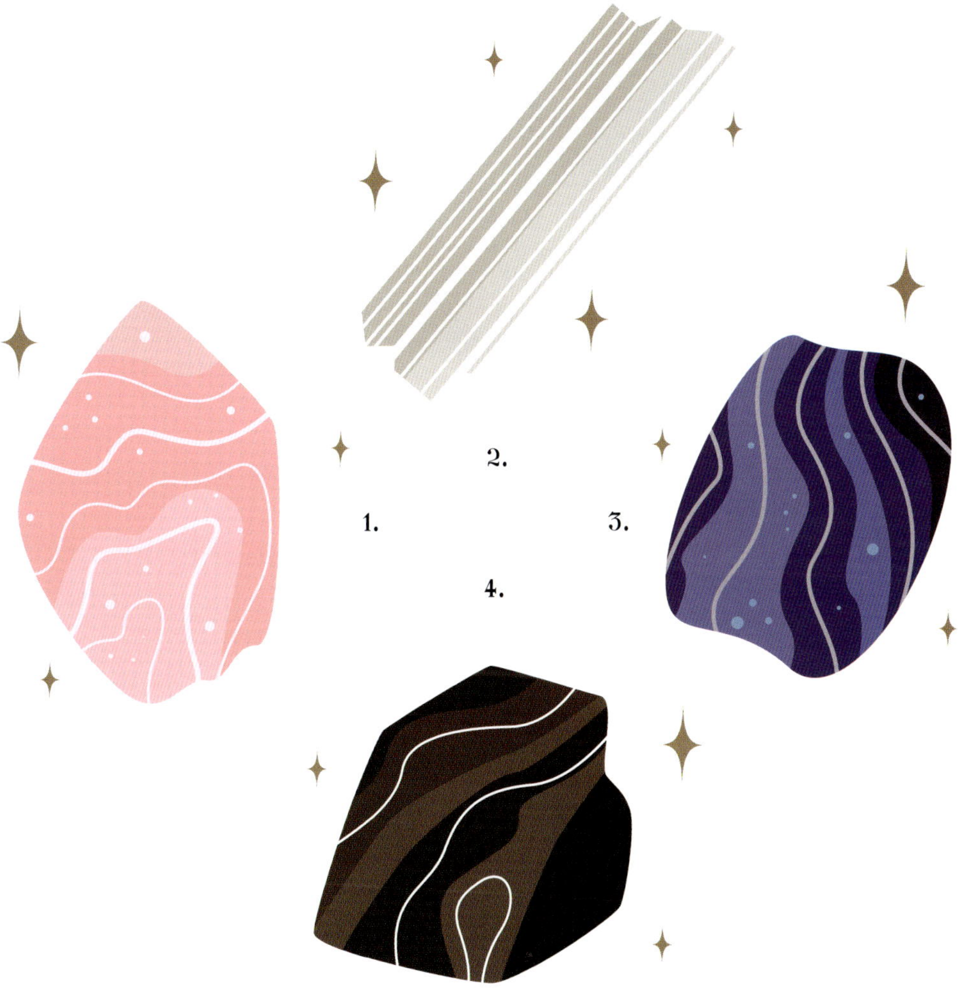

1. Quartzo rosa – Amor, beleza, liberação de questões, amor-próprio.
2. Selenita – Limpeza, carregamento energético, sabedoria, intuição.
3. Sodalita – Intuição, comunicação, calma, mente aguçada.
4. Quartzo enfumaçado – Aterramento, proteção, clareza mental, dissipa medos.

LIMPEZA *e Carregamento*

Todos os cristais precisam ser preparados – limpos e carregados – de maneira adequada antes de serem usados, sobretudo cristais novos, com os quais você ainda não trabalhou.

LIMPEZA

Fazer a limpeza dos cristais remove qualquer energia indesejada ou negativa que possa ter se atrelado a eles e os prepara para o uso. Isso deve ser feito com regularidade e pode ser efetuado de diversas maneiras; às vezes, aproveitando a energia dos elementos.

SOLO (*Terra*)

Enterre seus cristais no solo e deixe-os lá por 24 horas, para usar o poder da Mãe Terra. Esse método é lento e suave.

VISUALIZAÇÃO (*Ar*)

Visualize uma luz branca e brilhante que se mova da parte inferior até o topo do seu cristal, expulsando toda a escuridão das energias negativas.

FUMAÇA (*Fogo*)

Queime ervas purificantes como alecrim e lavanda e, em seguida, passe seus cristais pela fumaça. A combinação de Ar, Fogo e Terra faz dessa prática um poderoso método de limpeza.

ÁGUA (*Água*)

Deixe os cristais resistentes à água sob água corrente. Consulte a p. 102 para ver a lista de cristais que são resistentes e os que são sensíveis à água. Quanto aos cristais sensíveis à água, por sua vez, coloque-os perto de um copo de água por 24 horas com o intuito de fazer sua limpeza.

CARREGAMENTO

Os cristais vão perdendo energia gradualmente. Carregá-los restaura a energia perdida e eleva as vibrações do cristal para amplificar suas propriedades mágicas.

SAL (*Terra*)

Verifique se o seu cristal é resistente ao sal e coloque-o sobre uma cama de sal natural por 24 horas, para recarregar e restaurar suas energias. Descarte o sal, jogando-o no lixo.

LUZ DA LUA (*Ar*)

Coloque seus cristais sob a luz da Lua cheia durante a noite para serem energizados, do lado de fora ou no peitoril de uma janela.

LUZ DO SOL (*Fogo*)

O Sol pode ser usado para energizar cristais, embora nem todos os cristais sejam resistentes a ele. Consulte a p. 105 para ver quais cristais podem ser danificados pelo Sol.

SELENITA (ÁGUA)

Para usar o poder e as energias da Água, coloque cristais menores sobre uma placa de selenita para serem energizados por 24 horas.

LIMPEZA E CARREGAMENTO

A limpeza dos cristais remove energias indesejadas ou negativas que se acumulam pelo uso.

Isso remove bloqueios de energia, permitindo que a energia flua, o que torna o cristal mais eficaz em feitiços e rituais.

Estes quatro elementos podem ser usados para a limpeza dos cristais: solo, fumaça, água e som.

A energia de todo cristal é limitada. Com o tempo, o cristal perde sua energia, em virtude do uso.

O carregamento restabelece e eleva a energia vibracional de um cristal para ativar sua potência.

O poder desses quatro elementos também pode ser usado para carregá-los: luz do Sol, luz da Lua, sal e selenita.

CRISTAIS e Água

Uma das maneiras mais fáceis de fazer a limpeza dos cristais é colocando-os sob água corrente, mas nem todos os cristais são resistentes à água, como já vimos. Muitos cristais podem ser danificados ao entrar em contato com a água. Com certeza, eu já estraguei um ou dois cristais ao longo dos anos, antes de saber disso. A água pode danificar cristais de diversas formas, dependendo da composição química de cada cristal. Ela pode fazê-lo desbotar e perder seu brilho, o cristal pode começar a se partir e, em alguns casos, até se dissolver.

Em geral, a dureza do cristal determina se ele será danificado pela água. A dureza é medida na Escala de Mohs de dureza, criada em 1822, segundo a qual, cada cristal recebe um número de 1 a 10 com base em seu conteúdo mineral e metal, o que, por sua vez, define quão duro ou quebradiço o cristal é. Quanto mais alto o número, mais duro é o cristal. Podemos ver que isso é pertinente quando analisamos os cristais e observamos o modo como eles reagem quando são colocados em contato com a água, pois, quanto mais quebradiço for o cristal, menos tolerante à água ele será, e maior será a probabilidade de ele ser danificado.

Os cristais que têm uma nota 5 ou maior, em geral, são resistentes à água; aqueles abaixo desse número são danificados de alguma forma ao entrar em contato com a água. No entanto, há algumas exceções. Embora cristais como pirita e hematita sejam duros, pois contêm minério de ferro, enferrujam e perdem o brilho quando são colocados na água por muito tempo. Alguns cristais também soltam metais tóxicos na água – isso não só danifica os cristais aos poucos como também contamina a água, por isso, não devem ser colocados na água que se planeja consumir.

A amazonita, embora tenha uma dureza de 6-7 na Escala de Mohs, não pode ser colocada na água, pois contém cobre, o que torna a água tóxica. Sempre pesquise antes de usar água com algum cristal para se certificar de que este é resistente e seguro para ser energizado na água.

Apresento, a seguir, uma lista de cristais resistentes e outra dos sensíveis à água. Coloquei cristais como amazonita e outros na lista de sensíveis porque, embora estes sejam duros o suficiente para não ser danificados pela água, contêm metais que tornam a água tóxica.

RESISTENTES À ÁGUA

Ágata, ametista, ametrino, aventurina, berilo, calcedônia, citrino, cornalina, diamante, esmeralda, granada, heliotropo, jaspe, obsidiana, olho de tigre, quartzo enfumaçado, quartzo rosa, quartzo transparente, topázio.

SENSÍVEIS À ÁGUA

Água-marinha, amazonita, âmbar, angelita, azeviche, azurita, calcita, cianita, crisocola, cunzita, espinela, fluorita, gipsita, hematita, jade, labradorita, lápis-lazúli, lepidolita, malaquita, opala, pedra da lua, pirita, quartzo tangerina, rodocrosita, selenita, sodalita, sugilita, turmalina azul, turmalina negra, turquesa.

CRISTAIS E ÁGUA

Nem todos os cristais são resistentes à água, por isso, é sempre bom pesquisar antes.

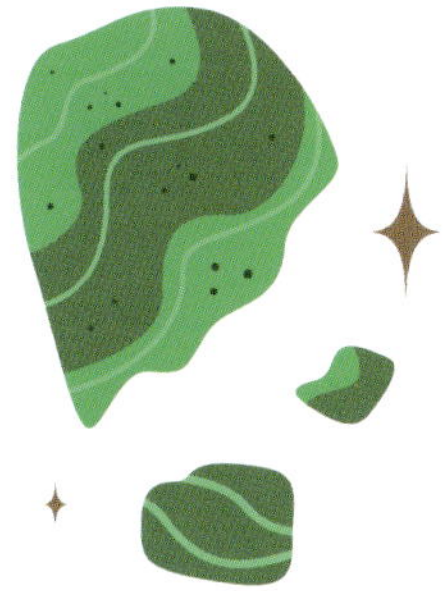

Alguns cristais podem perder o brilho ou até se dissolver ao entrar em contato com a água.

Alguns cristais não são adequados para uso em água, pois soltam metais tóxicos, que a contaminam.

Cristais mais quebradiços, como a selenita, não são resistentes à água.

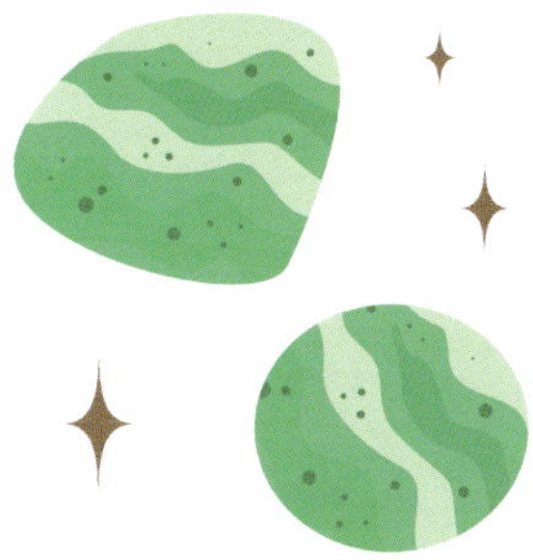

Em regra, os cristais que terminam com “ita” não são resistentes à água.

Para fazer a limpeza de cristais que não são resistentes à água, coloque-os ao lado de um copo de água.

CRISTAIS E A LUZ DO SOL

Luz do Sol direta danifica alguns cristais e faz que desbotem e fiquem ásperos.

Em geral, cristais transparentes e semitransparentes, como a ametista, são mais propensos a desbotar à luz do Sol.

Pedras de Fogo, como cornalina, calcedônia, jaspe vermelho e pedra do sol, em geral, são resistentes ao Sol.

Cristais desbotados ainda podem ter as mesmas propriedades mágicas que tinham antes de perder a cor.

Pesquisar e se informar é essencial, antes de carregar seus cristais à luz do Sol, para que se possa prevenir danos.

É bom guardar seus cristais fotossensíveis embrulhados num pano macio e longe da luz direta do Sol.

CRISTAIS *e a Luz do Sol*

Expor os cristais à luz do Sol é uma maneira maravilhosa de fazer a limpeza e o carregamento deles, mas alguns cristais desbotam quando são expostos à luz solar por muito tempo. Embora possa parecer que a luz do Sol não desbotará um cristal se o deixarmos ao Sol por 10 minutos aqui e ali, com o tempo, isso afetará seus pigmentos. O citrino, por exemplo, pode desbotar totalmente até ficar incolor depois de apenas algumas horas ao Sol, e a fluorita pode ficar muito quente depois de apenas 15 minutos de exposição solar.

Em regra, cristais transparentes e semitransparentes, como ametista e fluorita, tendem a ser mais sensíveis à luz do que cristais opacos. Além de ter o poder de desbotar alguns cristais, a luz do Sol pode deixá-los mais vulneráveis a danos e, em situações extremas, rachá-los. Até o quartzo transparente pode começar a ficar áspero e cheio de fissuras minúsculas em sua superfície depois de apenas duas a três horas ao Sol.

Alguns cristais desbotam naturalmente, com o tempo, mas o tempo de exposição à luz solar acelera esse processo. A boa notícia é que descobri que, embora a cor tenha desbotado, isso não afeta a energia do cristal ou suas propriedades mágicas. Infelizmente, descobri isso de um jeito difícil. A superexposição ao Sol desbotou minha peça favorita de ametista, de modo que sua cor roxa não está mais tão vívida, mas isso não mudou a sua energia e não a tornou menos poderosa ou eficaz. Caso haja cristais desbotados em sua coleção, não tenha medo de usá-los e trabalhar com suas energias em sua prática.

Em regra, cristais de cores quentes, como cornalina e pedra do sol, desfrutam de seu tempo ao Sol e são resistentes à luz solar, mas sempre pesquise bem ao usar um cristal novo ou desconhecido, para evitar danos. Tente manter seus cristais fotossensíveis embrulhados num pano macio para protegê-los de qualquer luz desnecessária.

RESISTENTES AO SOL

Calcedônia vermelha, cornalina, *howlita*, jaspe vermelho, labradorita, lápis-lazúli, malaquita, obsidiana, ônix, pedra da lua, pedra do sol, turmalina.

SENSÍVEIS AO SOL

Água-marinha, ametista, ametrino, apatita, aventurina, berilo, calcita, celestina, citrino, fluorita, jade, kunzita, opala, quartzo enfumaçado, quartzo espírito, safira, sodalita, *super seven*, topázio, turquesa.

AS ENERGIAS DOS CRISTAIS *e seus Diferentes Formatos*

Alguns cristais são formados naturalmente, e outros são esculpidos à mão, mas o formato de um cristal impacta a sua energia e o modo como ela é canalizada. Embora o formato do cristal seja importante, isso não dá ao cristal mais poder ou energia, mas, de fato, significa que experimentaremos a sua energia de um modo diferente. Isso quer dizer que determinados formatos são mais adequados para tipos específicos de atividades mágicas.

CRISTAIS ROLADOS

Fornecem uma energia suave e equilibrada e podem ser usados em qualquer tipo de atividade mágica. São acessíveis, práticos e perfeitos para levar no bolso. Não se deixe enganar pelo tamanho; eles ainda carregam uma energia poderosa.

CRISTAIS BRUTOS

Estes são os cristais em sua forma natural, por isso, têm energia irregular. São encontrados em todos os formatos e tamanhos, e sua superfície é irregular. Podem parecer mais poderosos porque vieram direto da Mãe Terra em sua forma intocada.

ESFERA

Estes cristais são bolas perfeitamente arredondadas e polidas, e são associados à adivinhação, sobretudo à vidência. Trazem uma energia uniforme, pois irradiam seus poderes em todas as direções. Sua energia calmante os torna ótimos para meditação.

PONTAS DE CRISTAL

Estes cristais concentram e direcionam energia por meio de suas pontas, amplificando a potência que pode ajudar na determinação de intenções. Podem ser usados para elevar a vibração de um ambiente.

PIRÂMIDE

Ancorando suas intenções através de sua base sólida e, em seguida, fortalecendo-as através do vértice, uma pirâmide auxilia a manifestação, enviando-a ao Universo num feixe concentrado. Escreva suas intenções num pedaço de papel e coloque-o sob uma pirâmide de cristal para acelerar a manifestação.

AGLOMERADO CRISTALINO

Estes cristais de múltiplas pontas contêm fortes energias vibracionais que irradiam em todas as direções, tornando-os bons amplificadores de energia. Aglomerados são ótimos para a limpeza de espaços, pois sua energia alcança cada parte do ambiente.

CRISTAIS BITERMINADOS

Estes cristais são capazes de transmitir e receber energia ao mesmo tempo. Isso os torna bons para uso em mandalas de cristais, pois podem mover a energia. Sua energia equilibrada é útil se você tiver perdido o seu equilíbrio.

ENERGIAS DE CRISTAIS DE DIFERENTES FORMATOS

CRISTAIS ROLADOS

Energia uniforme.
Superfícies lisas.
Úteis em qualquer feitiço

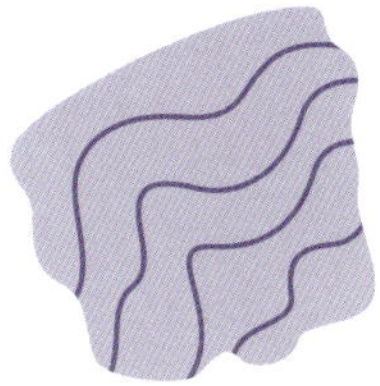

CRISTAIS BRUTOS

Energia irregular.
Forma natural.
Superfícies irregulares.

ESFERA

Energia uniforme e equilibrada.
Formas arredondadas e polidas.
Boas para meditação e adivinhação.

PONTAS DE CRISTAL

Concentram e direcionam a energia.
Amplificam e elevam a potência.

PIRÂMIDE

Energia focada.
Auxilia a manifestação.

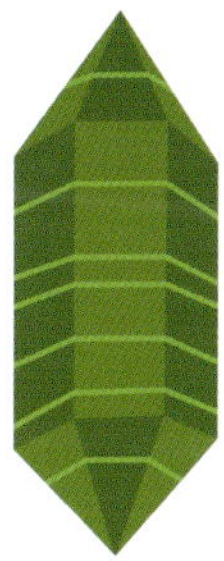

BITERMINADOS

Transmitem e recebem energia.
Equilibram.
Podem movimentar a energia.
Bons em mandalas de cristais.

AGLOMERADOS

Irradiam energia em todas as direções.
Têm fortes vibrações.
Ampliam a potência.

CRISTAIS E ELIXIRES

Um elixir é uma infusão de um cristal em água, em geral, conservado com álcool.

Os elixires têm muitos nomes, mas todos têm o mesmo significado. Podem ser feitos a partir de dois métodos.

O método direto envolve colocar o cristal de sua escolha diretamente na água para fazer uma infusão.

O método indireto envolve colocar cristais perto de um pote com água para que projetem sua energia na água.

É ESSENCIAL certificar-se de que os cristais usados na água que se planeja consumir sejam resistentes e atóxicos.

As diversas variedades de quartzo, como o citrino, são resistentes e atóxicas, e são usadas com frequência na produção de elixires.

CRISTAIS *e Elixires*

Os poderes mágicos e de cura dos cristais podem ser aproveitados num elixir. Às vezes conhecidos como águas de gemas ou essências de cristais, os elixires são infusões de cristais em água, muitas vezes, com álcool, para conservação. São coquetéis da natureza, e fazê-los pode ajudar muito a conexão com os elementos Água e Terra. Elixires herbais podem ser feitos do mesmo modo. Os elixires, em geral, são produzidos por meio de um método direto ou indireto.

DIRETO

Neste método, colocamos cristais diretamente em água limpa e potável. Com o tempo, a energia dos cristais é expandida na água, com suas vibrações específicas, conforme é projetada. Ao consumirmos essa água, absorvemos os benefícios dessa energia de forma concentrada. Escolha apenas cristais resistentes à água (veja a lista da p. 102). Diversas variedades de quartzo (ametista, citrino, quartzo rosa, quartzo transparente e quartzo enfumaçado) podem ser usadas, pois são resistentes à água e atóxicas.

Faça uma limpeza direta em seus cristais

1. Escolha seus cristais resistentes à água e faça uma limpeza neles; em seguida, coloque-os num pote com água limpa e potável.
2. Aterre-se e centre-se conforme se conecta com os cristais, as energias que emanam deles e suas intenções.
3. Cubra seu pote com um pano para proteger os cristais e, então, coloque-o ao Sol (se seus cristais forem resistentes ao Sol) ou à luz da Lua (se estiver usando cristais que não sejam resistentes ao Sol, como o citrino, por exemplo) por três a quatro horas. Outras Bruxas deixam por menos tempo, por exemplo, de 12 a 24 horas. Faça o que parecer melhor para você.
4. Refrigere e sorva a água ao longo do dia.
5. Sem álcool, seu elixir durará apenas cerca de um dia. Adicione 50% de vodca ou conhaque, glicerol ou vinagre se quiser mantê-lo por mais de uma semana. Isso é opcional, e é preciso usar e consumir com bom senso.
6. Caso adicione um conservante, pode fazer uma garrafa dosadora. Use uma garrafa escura com uma rolha ou uma tampa para proteger o elixir do Sol e para usar com mais facilidade. Coloque 3 ou 4 gotas do elixir no seu chá, no seu banho, diretamente na língua, adicione-o a óleos essenciais ou a borrifadores para o ambiente.

INDIRETO

Também podemos fazer elixires sem expor o cristal à água. Isso permite que usemos cristais que liberam metais tóxicos na água. Como os cristais projetam sua energia para fora, apenas coloque os cristais de sua escolha ao lado de um copo ou um pote com água, tampe ou cubra-o e deixe que os cristais infundam suas energias benéficas na água pelo mesmo período do método direto. Consuma seu elixir da mesma forma que consumiria se fosse preparado de maneira direta.

PROGRAMANDO *Cristais*

Os cristais são sensíveis e absorvem as energias vibracionais de seu ambiente, sejam boas ou más. É por isso que fazer a limpeza é tão importante, para que possamos remover qualquer energia indesejada ou negativa antes de usá-los para fins de magia e cura. O processo de programação se apoia na crença de que os cristais têm uma capacidade natural de absorver as energias de seu meio, e podemos usá-las para determinar e fortalecer nossas intenções.

A programação é um meio de nos comunicarmos com o cristal e de dizer a ele exatamente com o que precisamos de ajuda. É uma maneira de auxiliar a manifestação, pois estamos ampliando nossas intenções e invocando uma qualidade específica incorporada no cristal para nos auxiliar. Por exemplo, podemos programar uma peça de quartzo rosa se quisermos fomentar sentimentos de amor-próprio, ou programar uma peça de ametista se quisermos elevar nossas habilidades psíquicas. A programação tem o propósito de nos conectar com o cristal em si e de usarmos uma das qualidades incorporadas nele para atingirmos nossos objetivos.

Não é preciso programar um cristal para que ele funcione. Algumas Bruxas programam todos os seus cristais, outras programam apenas cristais específicos para fins especiais, e algumas não sentem a necessidade de programar cristal algum. Faça o que fizer sentido para você. Vou compartilhar o modo como programo meus cristais, mas sinta-se à vontade para fazer alterações que se alinhem às suas necessidades e ao seu estilo. Como a maioria dos ensinamentos em minha Prática, gosto de manter as coisas simples: tudo de que precisamos é o poder da nossa intenção!

Quando tiver escolhido o cristal que se alinha melhor às suas intenções, sente-se em algum lugar confortável, onde não haja perturbações, e segure-o nas mãos por um momento. Quando estiver pronto, visualize uma luz branca e pura preenchendo o cristal lentamente. Essa luz é a sua intenção. Em pensamento ou em voz alta, declare sua intenção. Seja o mais específico possível. Por exemplo, se quiser programar uma peça de quartzo rosa para atrair amor, seja o mais específico possível a respeito do tipo de amor que deseja atrair. É amor romântico ou platônico? Como gostaria, especificamente, que o cristal o ajudasse a manifestar isso?

Após dizer ao cristal o que deseja, permaneça em sua presença por algum tempo, visualizando a última parte dele se enchendo com a luz branca. Fique sentado pelo tempo que for necessário até que o cristal brilhe com a luz por completo. É bom escolher uma pedra menor para programar, pois você pode colocá-la num saquinho e levá-la consigo como um lembrete para fortalecer sua intenção e fazer as coisas mundanas que o aproximarão de seus objetivos. Quando não precisar mais do cristal para essa finalidade, simplesmente faça uma limpeza nele, para que possa ser usado novamente para outro propósito.

PROGRAMANDO CRISTAIS

Programar um cristal é um meio de comunicação pelo qual o insuflamos com nossas intenções.

Dizemos ao cristal com o que precisamos de ajuda ao mesmo tempo em que invocamos suas qualidades para nos ajudar a atingir nossos objetivos.

Nem todas as Bruxas programam seus cristais, então, você decide se faz sentido incorporar essa técnica à sua Prática.

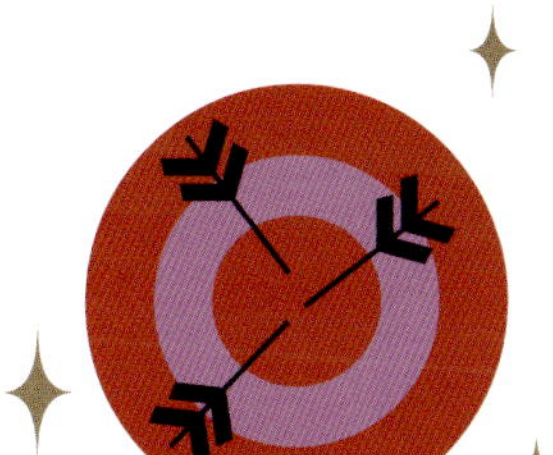

Programar um cristal auxilia a manifestação, pois fortalece e amplifica nossas intenções.

Para programar um cristal, escolha um que se alinhe às suas intenções e segure-o nas mãos, visualizando uma luz branca preenchendo-o.

Ao mesmo tempo, fale de suas intenções específicas e de como o cristal pode ajudá-lo a alcançá-las.

CRISTAIS E ÉTICA

É bom conhecer as origens dos cristais que compramos.

Alguns cristais são minerados de forma ilegal, prejudicando a Mãe Terra, conforme seus tesouros são pilhados.

Outros cristais são minerados por meio da exploração de trabalho infantil ou financiando organizações terroristas.

Cristais são usados por sua energia, então, certifique-se de que não sejam maculados pelas más energias de tais práticas.

Pesquise bem para conhecer os vendedores e as lojas que comercializam cristais de fornecedores éticos, antes de comprar.

Pergunte aos vendedores ou às lojas se eles sabem de onde seus cristais são fornecidos e, se não souberem responder, considere comprar de outro lugar que saiba.

CRISTAIS
e Ética

Muitas Bruxas incorporam o uso de cristais em alguma área de sua Prática – em feitiços e rituais, em altares, em atividades de cura ou nas joias compostas com cristais. Contudo, é importante saber de onde nossos cristais vêm; suas fachadas coloridas e reluzentes, muitas vezes, podem esconder um lado obscuro que muitas pessoas não conhecem. Infelizmente, boa parte dos cristais vêm de lugares do mundo onde ocorre mineração ilegal, e a Terra está sendo prejudicada conforme é despojada de todos os seus tesouros naturais.

Cristais são usados para cura e atividades mágicas, mas, se estão sendo arrancados da terra de uma forma destrutiva, a energia deles será, no mínimo, maculada, e não haverá limpeza capaz de purificá-los por completo. As energias que eles trazem não serão puras, pois as circunstâncias relacionadas à maneira como foram minerados envolveu muita destruição à Terra. As Bruxas trabalham em harmonia e equilíbrio respeitoso com a natureza; portanto, usar esses tipos de cristais vai contra os princípios fundamentais da Bruxaria.

A mineração de cristais também é responsável pelo financiamento de conflitos violentos em todo o mundo. Sabe-se que minas de lápis-lazúli localizadas no Afeganistão fornecem milhões de dólares ao Talibã todos os anos, por sua vez, financiando atividades terroristas no mundo todo. Infelizmente, há um lado ainda mais sombrio da mineração de cristais, pois muitas minas ilegais exploram o trabalho infantil. Milhares de crianças, a partir dos 7 anos de idade, trabalham em condições industriais em lugares como a República Democrática do Congo, o Brasil e Madagáscar. As práticas destrutivas e ilegais de mineração nesses países não apenas prejudicam a Terra como também a vida dessas crianças.

Ao comprar cristais, é essencial pesquisar bem, para verificar quais lojas ou vendedores sabem dizer de onde os cristais foram extraídos. Se um vendedor não souber o nome do país de procedência de um cristal, há alta probabilidade de que a loja venda cristais que venham de fornecedores duvidosos, sobretudo se os cristais forem muito mais baratos do que em outras lojas. Por sorte, a maioria dos vendedores sabe prestar as devidas informações, por isso, eu recomendo reservar algum tempo para se informar, antes de sua próxima compra.

6

ADIVINHAÇÃO

Existe uma visão estereotipada consolidada em relação à Bruxa: uma velha com cabelos longos e grisalhos, curvada, encarando uma bola de cristal com atenção. Bruxas não são apenas velhas, e podem ser pessoas de qualquer gênero ou idade, no entanto, algo muito comum entre as Bruxas é o uso da adivinhação – o ato de trazer o invisível à luz – em sua Prática.

A adivinhação é a arte de desvendar conhecimentos ocultos e usar ferramentas como bolas de cristal para revelar essas informações. Pode ser usada para acessar nosso eu mais elevado, e é a partir disso que podemos encontrar respostas. Em geral, as respostas às nossas perguntas não são apresentadas em simples formatos de "sim" ou "não" (exceto se usarmos um pêndulo), mas são efetuadas na forma de orientações. Cabe a nós interpretar essas orientações usando a ferramenta de adivinhação que escolhermos.

A adivinhação não deve ser algo forçado, e escolher não exercê-la não torna a sua Prática menos válida. Siga a sua intuição e faça o que parecer melhor para você.

Neste capítulo, vamos explorar uma ampla gama de métodos de adivinhação diferentes, para que você tenha as informações necessárias para poder conhecer outras práticas que fazem sentido. Veremos como usar runas, dados de adivinhação e cartas de oráculos, e como cuidar de suas ferramentas de adivinhação, para que possa aproveitá-las ao máximo em suas leituras.

O QUE SÃO *Runas?*

Runas são os alfabetos usados pelas tribos germânicas e nórdicas no norte da Europa, na Escandinávia e na Grã-Bretanha. Assim como os símbolos do alfabeto latino se chamam "letras", os dos alfabetos germânicos são chamados de "runas", e cada runa tem um significado espiritual. Para criar runas, o alfabeto rúnico é desenhado em pedaços de pedra, mas elas podem ser feitas em qualquer tipo de material, como madeira, cristais, metais e até ossos. Fiz meu próprio conjunto usando massa de sal (é fácil encontrar a receita na internet) e fiquei muito contente com o resultado. Foi fácil e barato fazer, portanto, é uma boa opção para Bruxas com um orçamento apertado.

As runas são melhores em dar pistas para respostas do que em fornecer um conselho direto. Elas nos orientam a resolver nossos problemas, nos ajudando a ver o quadro geral, as possibilidades e as variáveis em questão. E, então, deixam que resolvamos os detalhes sozinhos. As runas podem fornecer percepções profundas, mas, assim como todas as formas de adivinhação, quanto mais você praticar e se conectar com as runas e sua intuição, mais detalhadas serão as leituras. Dominar por completo o trabalho com runas leva muito tempo, por isso, não desanime se tiver dificuldade para interpretar os significados no início. Não desista!

Assim como outras formas de adivinhação, as runas não dão orientações relacionadas a eventos futuros estabelecidos, pois o futuro não é fixo. Temos o poder de mudar o futuro se uma leitura nos contar algo desagradável sobre ele. Continuamos no assento do condutor, onde temos o poder de mudar de direção ou seguir um caminho diferente a qualquer momento. As runas nos ajudam a ver as possíveis causas e os efeitos da situação para a qual fazemos a consulta, para que possamos decidir o que fazer a seguir.

Os alfabetos rúnicos germânicos, chamados Futhark Antigo e Futhark Recente, são os alfabetos rúnicos mais antigos e mais comuns usados hoje. O Futhark Antigo consiste em 24 runas divididas em três grupos de oito, conhecidos como *aett*. Cada *aett* é dedicado a uma divindade diferente; o primeiro é dedicado à deusa Freya, com as primeiras seis runas soletrando a palavra "futhark". O segundo é dedicado ao deus Heimdall, e o terceiro é dedicado ao deus Tyr. O Futhark Recente é uma versão reduzida do Antigo e é composto de 16 runas. As runas podem ser divididas em dois tipos diferentes – "runas compridas" ou "runas curtas".

RUNAS DO FUTHARK ANTIGO

Fehu (F) Fortuna	Uruz (U) Força	Thurisaz (Th) Perigo	Ansuz (A) Prosperidade	Raidho (R) Jornada
Kaunan (K) Mortalidade	Gebo (G) Generosidade	Wunjo (W) Bênçãos	Hagaiaz (H) Destruição	Naudhiz (N) Desejo
Isaz (I) Desilusão	Jera (J) Recompensa	Eihwaz (Ae) Estabilidade	Perthro (P) Destino	Elhaz (Z) Proteção
Sowilo (S) Sucesso	Tiwaz (T) Justiça	Berkanan (B) Fertilidade	Ehwaz (E) Confiança	Mannaz (M) Apoio
Laguz (L) Caos	Ingwaz (Hg) Potencial	Othaian (O) Herança	Dagaz (D) Esperança	

AETT DE FREYA

AETT DE HEIMDALL

AETT DE TYR

COMO USAR *As Runas*

A palavra "runa" significa "sussurro secreto", o que indica seus poderes mágicos e divinatórios. Para usar as runas como forma de adivinhação, coloque-as num saquinho e, ao fazer uma pergunta, retire uma runa do saquinho e interprete a mensagem. Se for iniciante, tirar uma runa todos os dias é uma boa maneira de aprender mais sobre os significados.

Você também pode lançar todas as suas runas, com cuidado, sobre uma toalha ou um tabuleiro e, então, interpretá-las não apenas pelo significado, mas também pela posição na toalha e por sua conexão com as runas que aterrissarem mais perto de você. É possível fazer a própria toalha rúnica. Por exemplo, podemos desenhar dois círculos num tecido, um maior e o outro bem menor (inserido dentro do maior). Podemos considerar as runas que caírem dentro do círculo menor como eventos ou orientações relacionados ao presente, as runas que caírem fora de ambos os círculos como orientações relevantes a um período maior e as runas que caírem entre os círculos como um conselho relacionado ao futuro próximo.

Alguns tabuleiros rúnicos incluem runas desenhadas neles, outros não. Entretanto, num tabuleiro com desenhos, é possível jogar pedras em branco ou cristais sobre ele para ver em quais símbolos eles caem ou de quais ficam mais próximos, caso não se tenha pedras rúnicas à disposição. Se você não tiver pedras rúnicas e quiser fazer uso de uma toalha rúnica que também não tenha runas desenhadas nela, pode simplesmente usar objetos pequenos que estiverem à sua disposição para representar cada uma das 24 runas e lançá-los sobre o tabuleiro. Podem ser joias pequenas, como anéis, moedas ou cristais, desde que você se lembre qual item corresponde a determinada runa. Esses itens podem ser usados como runas e lançados sobre o tabuleiro.

Cartas de tarô podem ser usadas em jogos cuja posição de cada carta tem um significado específico (como a Cruz Celta), e as runas podem ser usadas de modo semelhante. A Cruz Rúnica é um jogo de runas tradicional que pode ser usado para obter uma percepção mais profunda de qualquer situação ou questão. O formato de três runas representando o passado, o presente e o futuro também é um modo de jogo popular, assim como o formato que usa cinco e nove runas.

As runas podem ser utilizadas de forma mais ampla na Bruxaria – como amuletos e talismãs, adicionadas a saquinhos e garrafas de feitiços, ou podem ser portadas para ajudar na manifestação do que a runa representa. Escolher as runas que se alinham às intenções de suas atividades é uma maneira simples e poderosa de reforçar tais intenções e elevar a energia para o seu feitiço. O uso de runas em sua Prática pode ser incorporado em diversos tipos de atividades, como na magia de velas, por exemplo. Podemos entalhar a runa Elhaz (uma runa de proteção) numa vela preta e, então, acender a vela para efetuar um feitiço de proteção simples. Com certeza, as runas são ferramentas muito úteis de se ter à mão.

CARTAS *Oráculo*

Cartas oráculo se tornaram uma forma de adivinhação popular nos últimos anos. São ótimas se estiver começando a praticar adivinhação, mas não souber por onde começar. Sua leitura é considerada um pouco mais fácil e menos intimidadora do que o tarô, pois depende muito da imagética de cada carta para comunicar a mensagem em vez de ter um conjunto específico de significados. Não é necessário memorizar o significado de cada baralho, afinal, cada um é diferente, mas, em vez disso, usamos nossa intuição para observar as imagens nas cartas que tiramos e deixamos que nos digam o que significam.

A palavra "oráculo" – que significa algo que fornece uma previsão e revela conhecimento a partir de uma fonte divina – nos ajuda a compreender por que as cartas oráculo são ideais para autorreflexão e introspecção. Enquanto a carta do Eremita no tarô sempre terá o mesmo significado em todos os baralhos, independentemente de como o artista o retratou, as cartas oráculo, graças à sua natureza de fluxo livre e menos estruturada, podem significar algo um pouco diferente a cada vez, conforme a situação e o que a sua intuição vê. Isso traz mais liberdade para interpretar as diversas imagens à sua maneira.

Cartas oráculo podem ser uma adição bem-vinda a jogos de tarô, para fornecer uma camada adicional de compreensão à sua leitura. Em geral, tiro uma carta oráculo para cada carta de tarô no jogo que estou usando para me ajudar a avaliar a mensagem da carta de tarô num nível mais profundo, bem como a mensagem que ela está tentando comunicar. Uma boa prática é tirar uma carta oráculo no início de cada dia e refletir sobre o que pode significar – isso não só o ajudará a se familiarizar com cada carta como também o ajudará a criar uma conexão com o seu baralho.

Para explicar melhor o que são cartas oráculo e para o quê são usadas, seria útil compará-las à forma de adivinhação mais popular: o tarô. O uso de cartas oráculo é um meio de cartomancia (adivinhação em que se usa um baralho de cartas), como o tarô, mas aqui terminam as semelhanças entre tarô e oráculo.

Ao contrário do tarô, os baralhos oráculo não têm um número fixo de cartas. Um baralho oráculo pode ter qualquer quantidade de cartas, que é escolhida pelo criador de cada baralho. Muitos dos baralhos oráculo à venda atualmente têm entre 20 e 90 cartas num mesmo baralho. Um baralho de tarô é dividido em quatro naipes – Paus, Espadas, Ouros e Copas –, mas um baralho oráculo não segue esse padrão, pois tem seus próprios temas, escolhidos pelo criador de cada baralho. Alguns dos meus baralhos oráculo favoritos são baseados em astrologia, animais, autocuidado e na Lua. É possível até fazer as próprias cartas oráculo com base em algo que nos atrai. É uma ótima opção para uma Bruxa criativa com um orçamento limitado, e pode ser uma forma de praticar adivinhação no armário das vassouras, se puder fazê-lo de maneira discreta.

CARTAS ORÁCULO

• Todos os baralhos oráculos são diferentes entre si e não seguem uma estrutura, como um baralho de tarô.
• Um baralho pode ter qualquer quantidade de cartas e ter seus próprios temas.
• Baralhos oráculos se baseiam muito nas imagens de cada carta para comunicar sua mensagem.
• Cartas oráculo são um bom começo para sua jornada de adivinhação, pois são menos intimidadoras do que o tarô.
• São ferramentas fantásticas para autorreflexão e trabalho interno, cura e crescimento.
• Analise a disponibilidade e escolha um baralho com um *design* com o qual você se identifique. Ou faça o seu próprio baralho!

DADOS DE ADIVINHAÇÃO

Astragalomancia é a adivinhação pelo uso de dados. É uma forma antiga de adivinhação que ainda é usada por muitas Bruxas, pagãos e astrólogos atualmente. O registro mais antigo de um dado é de cinco mil anos, onde atualmente fica o Irã. Um dos meios mais comuns de adivinhação com dados praticado na atualidade usa três dados: um ilustrado com símbolos planetários, outro, com símbolos do zodíaco, e o outro, com números.

Talvez pareça um pouco complicado no início, mas, depois que fizer algumas leituras, verá que é um método bem direto. Se tiver interesse em praticar essa modalidade, saiba que um conjunto de três dados pode ser adquirido na internet por um preço bem baixo. Você também pode escrever cada símbolo e cada número em pedaços de papel separados e colocá-los em três saquinhos diferentes. Para usá-los em adivinhações, tire um pedaço de papel de cada saquinho e interprete-os usando o método e os significados apresentados nas páginas seguintes. É uma técnica ótima para Bruxas com orçamento limitado, e pode ser uma forma discreta de adivinhação caso esteja exercendo a sua Prática no armário de vassouras.

Como usar

Desenhe um círculo de cerca de 20 centímetros de diâmetro. Segure os dados com as mãos e reserve um momento para refletir sobre a situação para a qual precisa de orientações. Concentre seus pensamentos e suas intenções com clareza e então role os dados quando sua intuição disser para fazê-lo.

Alguns consulentes costumam rolar os dados de novo quando algum deles sai do círculo, outros atribuem significados especiais ao dado que para fora do círculo, e há ainda os que leem apenas os dados que caem dentro do círculo. Faça o que achar melhor. Se quiser incluir o dado que saiu do círculo também, eis seus significados:

- UM DADO FORA DO CÍRCULO – Dificuldades ou perturbações.
- DOIS DADOS PARARAM FORA DO CÍRCULO – Discussões ou desentendimentos.
- TRÊS DADOS PARARAM FORA DO CÍRCULO – Sorte ou um desejo a se realizar.
- QUALQUER DADO PARADO NO CHÃO – Problemas, preocupações ou aborrecimentos.

Para a leitura de um conjunto moderno de três dados de adivinhação, recomenda-se interpretar os planetas como a situação, o zodíaco como as emoções envolvidas e os números da casa astrológica (o dado com os números) como a parte de sua vida que está sendo afetada.

PLANETAS – *a Situação*

- O SOL – O ego, seu eu mais basilar, consciência, vitalidade, criação.
- A LUA – Emoções, instintos, hábitos, humores, subconsciente.
- MERCÚRIO – A mente, comunicação, inteligência, razão.
- VÊNUS – Amor, atração, relacionamentos, arte, beleza, harmonia.
- MARTE – Agressão, sexo, ação, desejo, coragem, paixão, competição.
- JÚPITER – Crescimento, esperança, expansão, sorte, abundância, compreensão.
- SATURNO – Disciplina, responsabilidade, ambição, obrigação, lei.
- URANO – Inspiração, mudança, excentricidade, caos, rebelião, transformação.
- NETUNO – Misticismo, sonhos, intuição, capacidades psíquicas, imaginação, delírios.
- PLUTÃO – Transformação, poder, morte, renascimento, evolução.
- NODO ASCENDENTE DA LUA – Lições a serem aprendidas, medo do desconhecido, destino, o caminho adiante.
- NODO DESCENDENTE DA LUA – O passado, bagagem kármica, o caminho percorrido até então.

DADOS DE ADIVINHAÇÃO DOS SIGNOS DO ZODÍACO – *As Emoções*

- ÁRIES – Impulsividade, competição, desapego, reações intensas às situações.
- TOURO – Sensibilidade, sentimentos feridos, respostas emotivas, ressentimentos.
- GÊMEOS – Dualidade, malícia, emoções acima da racionalidade, esperteza, curiosidade.
- CÂNCER – Emoções profundas, amizades perdidas, lealdade, cuidar.
- LEÃO – Autoconfiança, energia, liderança, orgulho, ser o centro das atenções.
- VIRGEM – Racionalidade, solidão, seletividade, excesso de críticas, almejar mais do que consegue dar conta.
- LIBRA – Equilíbrio, harmonia ou a necessidade de encontrar harmonia numa situação que está fora de controle.
- ESCORPIÃO – Transformação, verdade, honestidade, emoções escondidas, uma necessidade de poder.
- SAGITÁRIO – Aventura, busca pela verdade, positividade, otimismo, uma necessidade de relaxamento.
- CAPRICÓRNIO – Controle, possessividade, questões de negócios, barreiras entre pessoas.
- AQUÁRIO – Ansiedade, futuro imprevisível, necessidade de comunicação, introspecção.
- PEIXES – Compaixão, escapismo, inocência, uma pessoa na sua vida pode estar agindo de forma desonesta.

AS CASAS ASTROLÓGICAS – *A Parte Afetada em sua Vida*

- 1ª – Vida pessoal, primeiras impressões, identidade, aparência física, consciência, vontade.
- 2ª – Finanças, fortuna, posses materiais, desejos.
- 3ª – Comunicação, fofocas e rumores, viagens locais, escola, irmãos ou pessoas vinculadas a você por sangue e localização.
- 4ª – Lar, questões domésticas, família, pais ou pessoas que agem como figuras paternas ou maternas.
- 5ª – Fertilidade, mulheres, filhos, gravidez, diversão, passatempos.
- 6ª – Saúde, trabalho, higiene, rotinas diárias, hábitos, animais de estimação.
- 7ª – Parcerias pessoais, relacionamentos, casamento.
- 8ª – Sexo, ocultismo, morte, transformação, perda, herança, hipotecas, empréstimos, legados.
- 9ª – Viagens de longa distância, religião, espiritualidade, sabedoria, sonhos, lei, filosofia, adivinhação.
- 10ª – Carreira, reputação, sucesso, fortuna.
- 11ª – Boa sorte, amigos, amizades, atividades/relacionamentos em grupo.
- 12ª – O inconsciente, segredos, coisas escondidas, nossos pensamentos mais profundos, medo, solidão.

CUIDANDO DE SUAS *Ferramentas de Adivinhação*

As ferramentas de adivinhação são extensões energéticas de nós mesmos. Permitem que tenhamos acesso a conhecimentos ocultos e mensagens de nossa mais elevada consciência e de nosso espírito. Como ferramentas que trabalham com energia, precisam de cuidados, tanto físicos quanto energéticos, para funcionar em seu máximo potencial. Seja tarô, um pêndulo, cartas oráculo ou uma bola de cristal, as ferramentas precisam de manutenção frequente para que suas energias permaneçam limpas. Tratá-las com respeito é uma parte imensa dessa manutenção. Quando suas ferramentas não estiverem sendo utilizadas, mantenha-as cobertas ou embrulhadas, e guarde-as num lugar seguro para que fiquem protegidas no âmbito físico e energético.

Assim como faria uma limpeza de um cristal antes de usá-lo, o mesmo princípio se aplica às ferramentas de adivinhação – os mesmos métodos podem ser usados neste contexto também (ver p. 100). As ferramentas de adivinhação são meios condutores de energia, então, qualquer negatividade ao seu redor deve ser eliminada, para que a energia possa fluir durante uma leitura. É uma boa prática fazer uma limpeza antes de uma leitura e ao usar sua ferramenta de adivinhação pela primeira vez, depois de tê-la comprado ou ganhado de presente.

Ervas podem ser usadas para fazer a limpeza de qualquer ferramenta, e não só pelo método da limpeza com a fumaça. Apenas coloque suas ferramentas numa cama de alecrim ou sal por, no mínimo, quatro horas para purificá-las e protegê-las de qualquer energia negativa. Se desejar purificar algo feito de cristal, primeiro, certifique-se de que é resistente ao sal. Numa emergência, uma maneira tradicional de fazer a limpeza de um baralho de tarô ou oráculo é bater com força a palma da mão no monte de cartas três vezes. Não é, contudo, uma limpeza profunda, por isso, só uso esse método se não tiver tempo para fazer a limpeza de outro modo. Lavar ferramentas como pêndulos, bolas de cristal e dados de adivinhação com uma infusão de artemísia em água é uma ótima maneira de limpá-las e ajuda a manter suas habilidades psíquicas e intuitivas. Se o seu pêndulo for de cristal, certifique-se de que é resistente à água antes de usar esse método.

Conhecer suas ferramentas também é importante. Isso ocorre de modo natural com o tempo e o uso, então, reserve um tempo para se conectar a elas com mais frequência. Contanto que seja respeitoso, não existe uma forma certa ou errada de fazer isso, portanto, faça o que parecer melhor para você. Pode tirar uma carta de tarô ou de um oráculo a cada dia para conhecer o seu baralho. Algumas Bruxas dormem com suas ferramentas de adivinhação sob o travesseiro, para ajudar a criar uma conexão com elas. Meditar enquanto segura uma ferramenta de adivinhação é outra maneira possível de se conectar com ela, mas tudo isso é opcional. Encontre o método que funciona para você.

CUIDANDO DE SUAS FERRAMENTAS DE ADIVINHAÇÃO

Cuide de suas ferramentas fazendo uma boa limpeza nelas antes de usá-las.

Há muitos métodos, e cabe apenas a você decidir o método mais adequado.

Uma maneira é colocar uma infusão de artemísia em água num borrifador e borrifar sobre suas ferramentas resistentes à água.

Trate suas ferramentas com respeito, mantenha-as seguras quando não estiverem sendo utilizadas.

Considere mantê-las cobertas por um embrulho ou um pano e fora do alcance de crianças e animais de estimação.

Reserve um tempo para conhecer suas cartas. Use-as regularmente ou durma com elas sob o travesseiro.

EMPATIA
É UMA
DÁDIVA

7

CUIDADOS PARA PESSOAS EMPÁTICAS

Eu diria que a empatia é tanto uma bênção quanto uma maldição. Sou uma pessoa empática desde que me entendo por gente, mas não percebia que muitas outras Bruxas também eram. É algo que afeta nossa energia e que pode impactar a nossa Prática.

Uma pessoa empática é altamente intuitiva e está sintonizada com os sentimentos de outras pessoas. As pessoas empáticas recebem as emoções alheias com a mesma intensidade, como se fossem suas próprias emoções. Pessoas empáticas têm a capacidade de ver e sentir as coisas pela perspectiva de outra pessoa, mesmo que não tenham experiências desses sentimentos ou os mesmos pontos de vista. A empatia permite que a pessoa compreenda na íntegra as motivações de outras pessoas, mas, por outro lado, a faz absorver a energia emocional alheia, sentir a dor do outro tanto quanto a sua felicidade. Ver o mundo por essa perspectiva pode ser extremamente exaustivo e causar ansiedade e humores instáveis.

Neste capítulo, vamos falar das características e dos traços de uma pessoa empática, para que você possa identificar se também é ou não uma delas. Proteger a própria energia é fundamental para a saúde mental de uma pessoa empática, por isso, vamos tratar aqui das diferentes maneiras de proteger nossa energia como pessoas empáticas e ver quais cristais e ervas podem nos ajudar. Nesta seção, você também encontrará uma coleção de rituais e meditações úteis, que visam a promover o autocuidado e a proteger a energia pessoal, ao mesmo tempo em que aproveita ao máximo essa dádiva.

EU SOU UMA PESSOA EMPÁTICA?

Você absorve a energia
de outras pessoas.

Você possui uma
forte intuição.

Você se sente sobrecarregado
e esgotado com facilidade.

EU SOU UMA PESSOA *Empática?*

Ser uma pessoa empática significa ver e sentir o mundo de um modo diferente do que outras pessoas o enxergam. Não há um teste que mostre de maneira definitiva se uma pessoa é empática ou não. Conscientes disso, devemos compreender que há diversos sinais importantes que são indicadores muito bons de empatia. Quanto mais se identificar com esses traços, maiores são as probabilidades de que você seja uma pessoa empática. Vejamos a seguir.

ABSORVE AS EMOÇÕES ALHEIAS PARA SI

Esse é o traço mais importante de uma pessoa empática. As pessoas empáticas absorvem a energia das outras pessoas ao seu redor, tanto as boas quanto as ruins. As pessoas empáticas sentem as emoções das demais com tanta profundidade que, às vezes, podem manifestar dor física no corpo, além de perturbações mentais. Tudo isso cobra um preço alto e pode levar essas pessoas a sofrer de doenças físicas e fadiga crônica se não protegerem as próprias energias ou se não estabelecerem limites saudáveis para si.

O impacto mental pode levar as pessoas empáticas a sofrer de ansiedade e depressão em virtude da reação à energia que absorvem dos outros. Variações de humor podem ser comuns, sobretudo quando uma pessoa empática está em meio a um grupo com outras pessoas – num momento, você pode se sentir triste; no momento seguinte, pode se sentir alegre, conforme vivencia os altos e baixos da energia ao seu redor. Isso pode ser muito desconfortável, por isso, essa condição, às vezes, é descrita como uma maldição e, outras vezes, como uma bênção. Em alguns momentos, a empatia pode transformar os relacionamentos íntimos num desafio (em especial, se a pessoa empática morar com o parceiro, pois ela pode identificar cada emoção e cada mudança de humor do outro). Assim, pessoas empáticas precisam aprender a fundir sua energia com a do parceiro, o que é um tanto difícil, pois, muitas vezes, pode parecer uma invasão do espaço pessoal do outro.

TEM UMA FORTE INTUIÇÃO

Pessoas empáticas, em geral, têm um forte senso de intuição. Conseguem dizer quando algo está "estranho" num ambiente ou com outra pessoa, e percebem com facilidade quando alguém está mentindo ou sendo desonesto. Elas percebem quando ocorre uma mudança energética num ambiente e conseguem sentir mudanças de humor nas pessoas ao seu redor, mesmo que seja alguma mudança sutil que não possa ser sentida pelos outros. Sua sensibilidade vai muito além do raciocínio consciente. Pessoas empáticas sentem sem ter nenhuma evidência ou prova para justificar o que sentem, mas, em sua essência, sua sensibilidade é precisa.

SENTE-SE SOBRECARREGADA E ESGOTADA COM FACILIDADE

Pessoas empáticas, em geral, não gostam de multidões e podem se sentir sobrecarregadas com muita facilidade – são afetadas pelas emoções e energias de todas as pessoas ao seu redor, e sentem tudo de uma vez. Isso pode ser muito exaustivo. Sentem-se exaustas também quando passam muito tempo com outras pessoas. Algumas pessoas empáticas preferem interagir com uma pessoa de cada vez, pois é mais fácil lidar com o nível de emoções que absorvem. Por isso, muitas delas são rotuladas de maneira injusta por outras pessoas como se fossem apenas "sensíveis" ou "emotivas" demais. Isso ocorre porque as emoções que sentem, muitas vezes, são constantemente intensificadas. Esse cenário pode acarretar sentimentos de ansiedade e estresse, sobretudo se as pessoas não protegerem sua energia e não se blindarem contra emoções intensas.

É UMA BOA OUVINTE

As pessoas vêm até você com seus problemas porque você é uma ótima ouvinte. Pessoas empáticas têm a habilidade de compreender as motivações de outra pessoa mesmo se não tiverem vivenciado uma situação semelhante à que a outra pessoa está vivendo. Conseguem sentir, intuitivamente, o que alguém está tentando expressar, e como as pessoas empáticas são capazes de se conectar com outras pessoas de uma maneira mais profunda, atraem aqueles que precisam de um ombro amigo, de alguém que possa ouvir e oferecer apoio. Pessoas empáticas podem guiar uma conversa de tal forma que faz que a pessoa se sinta ouvida e compreendida.

NECESSITA DE PERÍODOS DE SOLIDÃO E PAZ

Espaço e isolamento são muito importantes para pessoas empáticas. Ficar perto de outras pessoas é exaustivo, por isso, as pessoas empáticas precisam de um espaço em que, sozinhas, não serão bombardeadas pelas emoções alheias. É quase como um momento de desintoxicação de toda a energia que absorveram. Elas também podem ser extrassensíveis a sons repentinos e altos. Isso as torna mais suscetíveis a se retirar de situações sociais ou a evitá-las por completo. Muitas pessoas com essa condição preferem passar um tempo sozinhas, às vezes, num santuário, que criaram como um espaço seguro. Meu santuário é o meu quarto, e eu fico lá para passar um tempo sozinha quando me sinto sobrecarregada. Ter um espaço seguro é muito importante para pessoas empáticas.

AMA A NATUREZA E OS ANIMAIS

A natureza e os animais recarregam a bateria das pessoas empáticas. Muitos aspectos da vida desgastam as energias, mas a vida que flui pelo mundo natural restabelece e restaura. Fazer uma caminhada em meio à natureza pode ser uma forma de limpeza, pois a Mãe Natureza trabalha para reequilibrar sua energia. Pessoas empáticas também costumam ser muito boas com animais. Os animais não nos bombardeiam com energias complexas ou negativas, portanto, passar um tempo com eles é relaxante e calmante, é uma pausa muito bem-vinda.

EU SOU UMA PESSOA EMPÁTICA?

Você é uma boa ouvinte.

Você necessita de períodos de solidão e paz.

Você ama a natureza e os animais.

PROTEÇÃO E AUTOCUIDADO *para Pessoas Empáticas*

Pessoas empáticas absorvem muitas energias diferentes no dia a dia, e isso pode afetar sua saúde física, mental e emocional. Se você é uma pessoa empática, é essencial aprender como proteger sua energia pessoal, para que as energias de outras pessoas não tenham impactos negativos sobre o seu bem-estar. A empatia é uma dádiva, mas esse dom deve ser administrado de forma adequada para que possamos equilibrar e controlar a quantidade de emoções que absorvemos.

Há muitas formas de proteger a própria energia, desde o uso de cristais e ervas (veremos isso com mais detalhes nas pp. 141 e 143), passando pela vidência, pela meditação e pelos rituais. Essa seção contém uma mistura de todos esses métodos de proteção da própria energia. Não importa qual seja o método que você escolher usar, são atos vitais de autocuidado. Vê-los como tal é importante, pois são maneiras de administrar melhor o seu dom. O autocuidado não é egoísta; é uma prática necessária para cuidar do próprio bem-estar, por meio da proteção da própria energia.

EXERCÍCIOS DE BLINDAGEM PARA PESSOAS EMPÁTICAS

O tipo mais importante (e comum) de proteção é a blindagem, que é quando criamos um campo de força energético ao nosso redor para desviar energias ou emoções indesejadas. A seguir, veremos duas técnicas de blindagem que uso com frequência, que o ajudarão a proteger a própria energia a qualquer momento e em qualquer lugar, até quando estiver em meio a uma multidão, por exemplo.

Exercício do espelho

1. Inspire e, onde quer que esteja, visualize espelhos ao seu redor, dos lados, acima e abaixo.
2. Visualize que os lados refletores dos espelhos estão virados para fora, na direção contrária a você. Os espelhos refletirão e o blindarão contra emoções e energias que vierem em sua direção. Mantenha os espelhos ao seu redor por tanto tempo quanto precisar da blindagem.
3. Caso sinta que precise de uma proteção adicional, visualize outra fileira de espelhos ao seu redor, refletindo para fora, dobrando o poder e a eficácia da sua blindagem.

Exercício da luz brilhante

1. Visualize uma luz branca brilhando a partir do plexo solar (terceiro chakra, nosso centro de energia localizado entre o umbigo e o esterno).
2. Veja essa luz se expandindo lentamente e preenchendo cada parte do seu corpo, da cabeça aos pés, com uma bruma branca reconfortante e protetora.
3. Visualize-a brilhando além do seu corpo físico para criar um escudo ao seu redor.

PROTEÇÃO E AUTOCUIDADO PARA PESSOAS EMPÁTICAS

A proteção é essencial para pessoas empáticas, pois elas absorvem a energia alheia e se sobrecarregam facilmente com a emoção que isso causa. Estas são apenas algumas das formas mais significativas como as pessoas empáticas podem proteger a própria energia.

Pratique visualizações de blindagem.

Pratique visualizações de aterramento.

Faça um talismã de proteção e aterramento.

Medite e pratique o desapego.

EXERCÍCIOS DE ATERRAMENTO *para Pessoas Empáticas*

O aterramento ajuda a equilibrar as energias pessoais, o que é fundamental se você estiver sendo constantemente bombardeado pelas energias desestabilizantes do seu ambiente. Esta visualização ajuda a remover as energias indesejadas ou excessivas presas ao corpo.

VISUALIZAÇÃO DE ATERRAMENTO

1. Sente-se num lugar confortável com os pés no chão, respirando de forma estável.
2. Visualize uma luz branca entrando pelo topo da sua cabeça e fluindo lentamente para baixo.
3. Quando sentir a luz branca alcançando um lugar que está retendo as energias e as emoções de outras pessoas, identifique-as e, em seguida, visualize a luz branca engolfando-as e empurrando-as para baixo, em direção ao chão.
4. Conforme a luz flui em direção aos seus pés, imagine que ela empurra todas as energias indesejadas para fora do seu corpo e para dentro do chão, fazendo uma limpeza.

Leve o tempo que precisar com essa visualização, removendo cada pedacinho de energia indesejada. Este exercício também é bom para remover energias estagnadas quando precisamos de um reforço de energia.

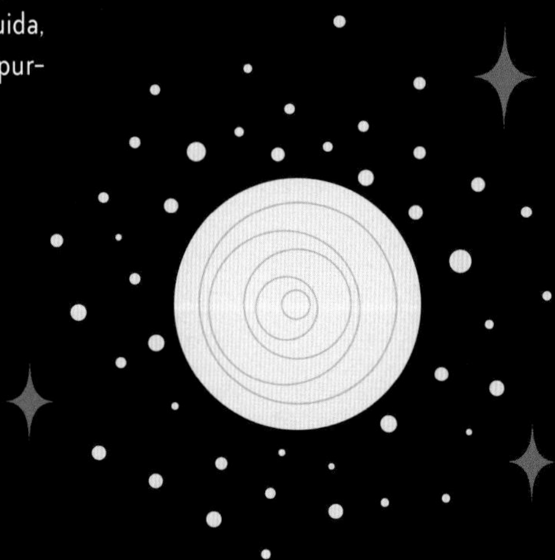

FAÇA UM TALISMÃ DE ATERRAMENTO

Algumas Bruxas usam um talismã para ajudá-las a se aterrar e a reequilibrar suas energias. Um talismã pode ser uma joia carregada de poderes protetores ou qualquer item para o qual se sentir atraído. Pode trazer proteção e remover energias indesejadas atreladas a você, para que o equilíbrio de suas energias possa ser mantido.

1. Faça uma limpeza no objeto escolhido.
2. Segure o objeto na mão e, então, faça uma infusão com energias de aterramento. Pense nos lugares em que se sentiu mais aterrado ao chão. Foi em casa? Na cozinha de sua mãe, ou lá fora, numa caminhada em meio à natureza? Para carregar o objeto, revisite mentalmente essas situações em que se sentiu aterrado e seguro. Faça isso pelo tempo que achar necessário. Para adicionar poder ao seu talismã, faça essa visualização num dos lugares em que se sentiu mais aterrado.
3. Você também pode enterrar o seu talismã e deixá-lo por 24 horas no solo (se isso não for danificá-lo) ou num vaso cheio de terra, para carregá-lo com energias de aterramento e estabilização.
4. Conheça o seu talismã. Use-o ou leve-o consigo durante o dia e em situações de estresse, ou quando tiver sido exposto a gatilhos emocionais, e perceba como ele fornece apoio e aterramento. Você pode até usá-lo como um foco de meditação.

EU ABANDONO O DESEJO
DE CONTROLE

EXERCÍCIO DE DESAPEGO *para Pessoas Empáticas*

As pessoas empáticas têm muita facilidade para tomar a energia alheia para si. Isso pode ser um fardo muito pesado, então, é importante saber como parar quando estiver se sentindo sobrecarregada. O desapego é uma forma bem útil de controlar as energias que absorvemos. Assim como todos os outros métodos de proteção e autocuidado trazidos aqui, o domínio leva tempo e prática, por isso, não desanime se, no início, essas técnicas parecerem difíceis. Não desista!

Há diversas formas de praticar desapego de modo amoroso e integrar essa prática em sua vida. Não é o caso de se isolar completamente do mundo ao seu redor, mas de criar um espaço saudável entre você e as energias alheias, para que não tenham um impacto negativo sobre o seu bem-estar.

EXERCÍCIO DE DESAPEGO AMOROSO

- Sente-se e medite sobre as coisas que geram fortes reações emocionais em você e os motivos de isso acontecer. Para se desapegar, é essencial compreender e ter uma consciência mais ampla das razões pelas quais você reage do jeito que reage.
- Medite sobre a diferença entre reagir e responder – tente não reagir, mas, em vez disso, responder a uma situação de estresse. Uma reação é automática, ao passo que uma resposta envolve respirar fundo e replicar de forma ponderada.
- Reflita sobre a sua necessidade de resolver os problemas de todo mundo e a pressão que isso traz. Por que você se sente assim? Será que o seu desejo de ajudar os outros é um desejo subconsciente de ajudar a si mesmo?
- Medite sobre o controle – lembre-se de que não podemos controlar as outras pessoas, por mais que tentemos. Desapego é abandonar o desejo por controle, para que possamos nos concentrar em nosso crescimento pessoal. Você ainda pode ajudar os outros, mas a uma distância emocional saudável.

ERVAS PARA PESSOAS EMPÁTICAS

1. Camomila – Auxilia o relaxamento, ameniza a ansiedade e alivia a insônia.
2. Cravo – Protege, dissipa energias negativas.
3. Dente-de-leão – Libera a raiva, desintoxica, protege.
4. Ginseng – Melhora o equilíbrio emocional.
5. Bagas do espinheiro-branco – Cura, ajuda a interromper a absorção de emoções alheias.
6. Lavanda – Relaxa os nervos, protege suavemente, acalma a ansiedade.

ERVAS *para Pessoas Empáticas*

Pessoas empáticas podem usar uma ampla gama de ervas e especiarias para proteção emocional e energética, e há muitas formas de incorporá-las em nossa prática. Essa é apenas uma seleção das ervas mais benéficas e mais acessíveis para pessoas empáticas, mas recomendo que faça uma pesquisa mais avançada com o intuito de encontrar outras. Também incluí receitas e feitiços do meu grimório, mas fique à vontade para reformulá-los e alterá-los a fim de que funcionem melhor para você!

SAQUINHOS DE FEITIÇOS

Uma das maneiras mais fáceis de se proteger é fazer um saquinho de feitiço com ervas de sua escolha e levá-lo consigo durante o dia para aproveitar os benefícios de suas propriedades mágicas. Uma das minhas combinações favoritas para saquinhos de feitiços é cravo, escutelária e lavanda, para trazer proteção e ajudar a equilibrar as emoções.

POTES DE FEITIÇOS

Usar uma mistura de ervas junto aos cristais correspondentes (ver Capítulo 5) num pote de feitiço é uma boa forma de misturar e concentrar suas energias mágicas. Escolha um frasco pequeno que possa ser carregado consigo na bolsa ou no bolso. Um pote de feitiço protetivo para empatia que descobri ser muito eficaz inclui sal, cravo, pimenta-do-reino, flores de dente-de-leão e obsidiana. Vede o frasco pingando cera de uma vela preta ao redor da tampa.

ÓLEOS

Eles podem ser usados de diversas maneiras para proteção. Você pode se ungir com um óleo de proteção nos pontos de pulsação ou untar uma vela preta com óleo e rolá-la em ervas como manjericão, tomilho e endro para efetuar um feitiço simples de proteção. Faça um óleo de proteção usando partes iguais de manjericão, dente-de-leão, folhas de framboesa, verbena e lavanda com óleo (pode ser óleo de girassol ou de semente de uva). Deixe em infusão por um mês, antes de usar.

INCENSO

É possível queimar ervas como incenso para trazer proteção e livrar o seu lar ou seu ambiente de energias indesejadas. Para uma mistura purificante e protetora, use partes iguais de lavanda, sálvia, raiz de dente-de-leão, agulhas de pinheiro e alecrim, e queime tudo sobre um disco de carvão quente.

BANHOS PURIFICANTES

Um dos traços de pessoas empáticas é a absorção de emoções alheias, mas é possível usar ervas para nos purificar dessas energias indesejadas. Isso é essencial para reequilibrar a energia pessoal. Podemos fazer isso com um banho desintoxicante para pessoas empáticas com 1 parte de sal e 3 partes de flores de camomila, alecrim e lavanda (ou 2 gotas de óleo essencial de lavanda). ***Atenção!*** *Se você tiver pele sensível ou tendência a reações alérgicas, sempre faça um teste numa área pequena da pele antes (ver p. 40).*

CRISTAIS PARA PESSOAS EMPÁTICAS

ARENITO AZUL
Dissipa a negatividade, alivia a ansiedade e promove estabilidade emocional.

QUARTZO ENFUMAÇADO
Purifica o ambiente e incentiva a energia positiva

HEMATITA
Cria um escudo protetor contra energias negativas.

QUARTZO ROSA
Promove paz interior e harmonia e traz cura emocional.

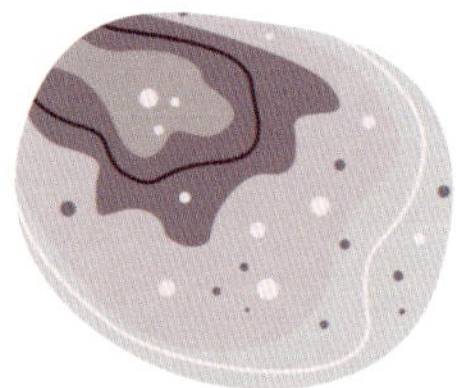

LEPIDOLITA
Equilibra, acalma e cura o aspecto emocional.

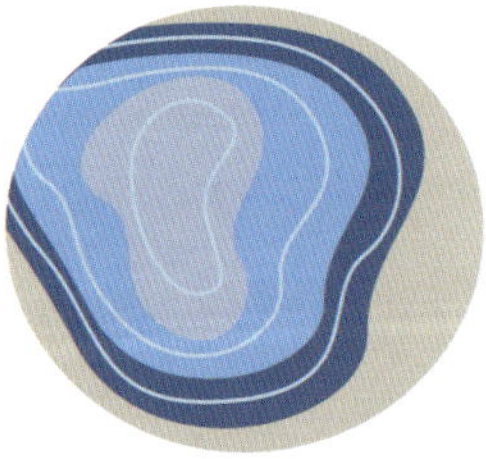

PEDRA DA LUA
Estabiliza emoções e incentiva o crescimento pessoal.

MALAQUITA
Purifica energias estagnadas e negativas.

CRISTAIS *para Pessoas Empáticas*

Assim como podemos usar meditação, visualização e ervas para proteger, aterrar e reequilibrar nossa energia pessoal, cristais também são outra forma de proteger nossa energia como pessoas empáticas. O lado bom de trabalhar com cristais é que eles são muito versáteis e podem ser incorporados à sua prática de diversas maneiras. A seguir, eis uma coleção dos cristais mais úteis, bem como as diferentes maneiras de usá-los em nossa prática.

JOIAS

Uma das formas mais fáceis de trabalhar com cristais, como pessoas empáticas, é usá-los como joias. Usar os cristais de sua escolha numa pulseira, num colar ou num anel é uma ótima maneira de manter cristais consigo para desfrutar plenamente de suas propriedades mágicas. Não consigo sair de casa sem minha pulseira de arenito azul e ametista!

LEVE NO BOLSO

Cristais, em geral, rolados, também podem ser levados no bolso em vez de ser usados como joias. Como pessoa empática, é ainda mais importante fazer a limpeza desses cristais com frequência, para remover toda a energia negativa que eles absorvem ao nos proteger e blindar. Gosto de purificar minhas pulseiras colocando-as numa tigela de selenita quando as tiro do pulso todas as noites, mas descubra qual é a melhor rotina para você.

SAQUINHO DE FEITIÇOS

Usar cristais num saquinho de feitiços é outra forma de nos beneficiarmos de suas propriedades mágicas fora de casa. Coloque os cristais de sua escolha dentro de um saquinho colorido que se alinhe à sua intenção. Como pessoas empáticas, absorvemos as emoções alheias, e isso pode ter um impacto negativo sobre nossas emoções. Para promover a estabilidade emocional, costumo colocar pedra da lua, lepidolita, amazonita e quartzo transparente num saquinho marrom e o carrego comigo no bolso para me manter aterrada e protegida.

ELIXIRES

Fazer um elixir nos permite ingerir a energia mágica dos cristais que usamos (ver pp. 102 e 109 para mais informações sobre como fazer elixires, e quais cristais são seguros para isso). Gosto de fazer uma mistura de quartzo rosa e enfumaçado para me purificar de qualquer energia indesejada e ao mesmo tempo promover a paz interior e a positividade.

USE EM CASA

Cristais também podem ser usados em casa para fornecer proteção energética às pessoas empáticas. Quartzo enfumaçado e malaquita são ótimos cristais para esse propósito, pois limpam o ambiente em que se encontram de toda energia negativa e estagnada. Use-os em conjunto com quartzo transparente, que ajudará a amplificar as propriedades dos cristais com os quais são combinados.

O TRABALHO DA SOMBRA É O CAMINHO DO GUERREIRO

8

O TRABALHO DA SOMBRA

Assim como a luz deve sempre ter lugar na Bruxaria e em nossas jornadas espirituais, as sombras e as trevas também. Às vezes, é mais fácil focar a luz, então, afastamos a escuridão até que algo aconteça e nos force a confrontá-la de novo. É preciso alcançar um equilíbrio entre a luz e as trevas, de modo que não haja mais de uma do que da outra. Isso é difícil, mas é essencial abraçar a escuridão assim como a luz, em vez de ignorá-la ou evitá-la.

Pode soar assustador, mas, ao abraçarmos nossa sombra, podemos aprender a compreender melhor a nós mesmos. É um modo de estabelecer a base que nos permitirá viver a vida de forma mais autêntica.

Todos possuem um lado sombrio, e isso, por sua vez, não é algo ruim. Essa parte de nosso ser está repleta de coisas que talvez estejamos escondendo, reprimindo ou ignorando, assim como coisas das quais temos vergonha ou medo. Se não tentarmos compreender nossas sombras, jamais compreenderemos com plenitude quem somos e por que fazemos o que fazemos. Compreender o nosso lado sombrio nos ajuda a aceitar tudo o que somos, não apenas as partes boas, e é um ato radical de amor-próprio, autocuidado e aceitação.

Vamos começar nossa jornada sombria!

O TRABALHO DA
SOMBRA PODE NOS
TRANSFORMAR

COMO COMEÇAR O *Trabalho da Sombra*

O trabalho da sombra explora as profundezas mais obscuras da alma para confrontar tudo o que fica nas sombras. Não é uma jornada fácil, mas esta é a questão: não é para ser fácil. O trabalho da sombra pede que confrontemos emoções como sofrimento, luto e trauma, o que não é simples, mas vale a pena.

As coisas que nos tiram de nossa zona de conforto nos levam mentalmente aos lugares em que o crescimento pessoal e a cura são possíveis, pois ali podemos nos alinhar plenamente ao nosso eu verdadeiro. Isso pode soar desafiador, mas vou ajudá-lo a começar. Talvez você até descubra que já pratica o trabalho da sombra em sua vida sem perceber.

AUXILIANDO A SUA PRÁTICA

O trabalho da sombra trata de introspecção e de estar presente na vida diária, algo que é associado a práticas como meditação e yoga. Pode facilitar a cura profunda e nos ajudar a alcançar uma boa saúde mental e um senso de bem-estar. Embora não seja o tipo de Bruxaria que envolve magia, qualquer exercício que promova o nosso crescimento e a conscientização sobre nós mesmos e quem somos terá um impacto positivo e empoderador em nossa Prática. Isso aumenta a vibração de nossa energia, o que, por sua vez, tem um impacto sobre os feitiços que lançamos e os rituais que fazemos.

Pode ser difícil saber por onde começar. A ideia de iniciar o trabalho da sombra parece intimidadora por si só, imagine tentar descobrir como fazê-lo.

UMA COISA DE CADA VEZ

Não importa qual seja a sua abordagem, é uma boa prática se concentrar em apenas uma coisa de cada vez. Tente resistir à tentação de trabalhar em diversas áreas da sua vida ao mesmo tempo. Tentar trazer à luz, de modo simultâneo, tudo o que se esconde na sua sombra seria um fardo excessivo. O autocuidado é importante quando se faz o trabalho da sombra, para que não sejamos atingidos por tantas emoções diferentes. Embora o trabalho da sombra seja difícil, muitas vezes, vale cada minuto de nosso tempo, em razão do efeito transformador que pode ter sobre a nossa saúde mental e nosso bem-estar.

COMO COMEÇAR O *Trabalho da Sombra*

OBSERVE SEUS SENTIMENTOS E SUAS REAÇÕES

Um bom ponto de partida para começar a sua jornada no trabalho da sombra é observar todos os seus gatilhos emocionais – eles podem guiá-lo para áreas do subconsciente em que há necessidade de cura. A ideia é que você observe como se sente e reage a situações cotidianas, mas fazê-lo sem julgamentos, o mais distanciado possível no aspecto emocional. Se tentar observar sua resposta a gatilhos quando estiver muito imerso em suas emoções, elas assumirão o controle e você não será capaz de analisar de maneira objetiva o motivo pelo qual reage de determinada forma. É um processo de autoconhecimento, e isso pode ser difícil, mas recomendo que não desista.

É difícil tentar ser objetivo quando tratamos de nossas emoções, mas é uma habilidade que podemos desenvolver se dedicarmos tempo e paciência à auto-observação. Ao nos afastarmos e observarmos nossas respostas, nossos julgamentos e comportamentos, de um ponto de vista objetivo, podemos olhar com honestidade para o nosso interior e analisar o gatilho de forma crítica e lidar com as causas primárias. Também é possível procurar qualquer padrão comportamental emergente que aponte para outras áreas que precisam de atenção. Isso não é fácil, tampouco é uma oportunidade de se martirizar injustamente pelas coisas que você possa ter feito errado, mas, em vez disso, é uma chance de compreender por que você age de determinada maneira e de trazer cura e consciência às áreas que mais requerem atenção.

PRATIQUE INVESTIGAÇÃO EMOCIONAL

A investigação emocional é uma prática que anda lado a lado com a observação dos próprios sentimentos. No que diz respeito à análise das próprias emoções e dos comportamentos após um período de estresse, dê um passo para trás a fim de se distanciar no âmbito emocional o suficiente para fazer perguntas construtivas que não sejam influenciadas pelas emoções. Eis alguns exemplos de perguntas construtivas:

"Por que me sinto assim?"
"Por que isso é um gatilho para mim?"
"Há algo no meu passado que faz que eu me sinta assim agora?"

Essas perguntas tentam chegar ao cerne de nossa sombra. Fazer perguntas diretas a si mesmo desse modo fornecerá mais informações e melhor compreensão da situação, mas apenas se você as responder de forma honesta. Essa é a chave para todos os trabalhos da sombra: ser sincero consigo mesmo. Apenas por meio da sua verdade e de sua emoção é possível se conectar e descobrir o que está sob a sua sombra.

COMO COMEÇAR O TRABALHO DA SOMBRA

Observe suas reações a diferentes questões e situações, e investigue padrões comportamentais.

Não se sobrecarregue. Não importa qual seja o seu método de escolha, escolha uma coisa na qual se focar de cada vez.

Pratique investigação emocional: pergunte a si mesmo por que se sente do modo como se sente quando é exposto a um gatilho. Pergunte-se por que reage do modo que reage.

Como Começar o Trabalho da Sombra

PROJEÇÃO

A projeção é a próxima fase da investigação emocional, pois envolve questionar a si mesmo e investigar o que pode revelar emoções escondidas sob a superfície. Esse é o processo de analisar se projetamos nossas emoções mais profundas nos outros. Confronta tudo aquilo que reprimimos.

Se algo estressante ou um gatilho ocorrer, afaste-se um pouco e pergunte-se: "Estou projetando algo sobre esta situação? Por quê?". Às vezes, colocamos nossas questões subconscientes numa situação atual, e elas se tornam um gatilho. Parar e se questionar traz realidade à situação, e o subconsciente à luz. O que projetamos ilumina as áreas que precisam ser analisadas e compreendidas.

Essa pode ser uma técnica eficaz para se desenvolver em qualquer momento. Mesmo quando a situação não é estressante, nós podemos ser culpados da projeção, em maior ou menor grau. A técnica de trabalho da sombra não é fácil e demanda prática, mas insista nela, pois é uma ferramenta poderosa para que possa compreender melhor sua sombra. Veja as pessoas ao seu redor como espelhos, refletindo as partes do seu eu subconsciente que precisam ser curadas.

PRATIQUE ESTAR PRESENTE

Este é um dos elementos mais importantes do trabalho da sombra. Temos a habilidade de estar atentos, embora seja necessário ter prática para aproveitá-la ao máximo. A atenção plena, ou *mindfulness*, não é para ser relaxante. Quando nos permitimos viver no momento e estar presentes todos os dias, começamos a nos conectar com as partes de nós que estavam escondidas, como nossa sombra. O processo de cura pode começar quando nos confrontamos com o que sentimos no presente.

Isso pode ser feito de muitas formas, mas todas envolvem reservar um tempo para a sua prática de *mindfulness*. Pode ser algo como 5 minutos por dia, em que você faz o esforço consciente para se concentrar no momento presente e apenas "ser". Se sua mente vagar, não seja duro consigo mesmo. Preste atenção e perceba aonde seus pensamentos vão, as emoções que sente e as imagens que se formam em sua mente, e depois guie a mente de volta ao presente. Não faça julgamentos a respeito das coisas que você pensa e vê – apenas deixe que elas passem durante o tempo em que estiver praticando o *mindfulness*. Veja a p. 167 para aprender uma prática de meditação.

Quando tiver terminado, reflita sobre os sentimentos despertados pela meditação, pois podem ser usados para desbloquear aspectos de sua sombra. Por exemplo, sentimentos de culpa podem indicar que está vivendo a vida com base nas expectativas dos outros, em vez de fazer o que acredita ser melhor para você.

COMO COMEÇAR O TRABALHO DA SOMBRA

Nos momentos de estresse, pergunte a si mesmo se está projetando os próprios medos e os desejos subconscientes.

Pratique estar presente e consciente na sua vida cotidiana, em vez de viver demais no passado ou no futuro.

Medite sobre os aspectos de sua sombra para conhecê-la melhor. Também é possível usar perguntas-modelo para meditação.

TRABALHO DA SOMBRA: *Diário e Perguntas-Modelo*

Outra maneira prática de realizar o trabalho da sombra é por meio de um diário. Este é provavelmente meu método preferido e é outro ótimo ponto de partida para a sua jornada pelo trabalho da sombra. Registrar nossos pensamentos e sentimentos mais íntimos pode ser uma ferramenta incrível para elevar a autoconsciência e nos guiar ao longo do processo do trabalho da sombra. Podemos escrever livremente ou usar perguntas-modelo para estruturar nosso trabalho da sombra, o que permite que controlemos a intensidade dessa atividade. Você pode começar usando modelos mais suaves e intensificar a atividade com modelos mais pesados quando estiver pronto. É uma forma de acessar seu subconsciente, onde muitas emoções foram enterradas, portanto, a sua reação inicial a uma pergunta-modelo, muitas vezes, será a resposta mais honesta. Seja sincero. Embora seja um processo difícil, compreender melhor a si mesmo pode ajudar a revelar dons e habilidades reprimidos que você nem imaginava ter!

A seguir, veja uma coleção de diferentes perguntas-modelo que tenho usado e achado úteis para começar. Sinta-se à vontade para usá-las como estão ou modificá-las para que se ajustem às suas necessidades. Responder a uma pergunta de cada vez fará que o processo seja menos pesado.

PERGUNTAS-MODELO

1. Como você se descreveria?
2. Como outras pessoas o descreveriam? O que acha dessa descrição?
3. Quais são suas melhores e suas piores características?
4. Do que você gosta e do que não gosta em si mesmo?
5. Qual parte de você não se sente ouvida?
6. O que gostaria de dizer?
7. O que o faz feliz?
8. Em quem você mais confia? Por quê?
9. Você tem algum problema com a confiança?
10. Quais são seus maiores gatilhos emocionais? Por que essas coisas o afetam tanto?
11. O que você costuma julgar nos outros?
12. Como você julga a si mesmo?
13. Quando foi a última vez que se sentiu decepcionado? Por quê?
14. Quem é a pessoa em sua vida que mais tem influência sobre você? É uma influência saudável?
15. Com que frequência você mente para si mesmo ou para outras pessoas?
16. Há alguma parte de você que está em negação?
17. Qual é o seu maior medo? Por quê?
18. Que medo irracional você tem? Por quê?
19. Quais ressentimentos você guarda? Por quê? Eles são racionais?
20. Você guarda rancor? De quem? Por quê?

TRABALHO DA SOMBRA: DIÁRIO E PERGUNTAS-MODELO

Muitas pessoas acham que um diário é uma ótima ferramenta para o trabalho da sombra e um ótimo ponto de partida para começar a sua jornada sombria.

Você pode controlar a intensidade das perguntas. Embora o trabalho da sombra seja difícil, ele não deve sobrecarregá-lo no âmbito emocional.

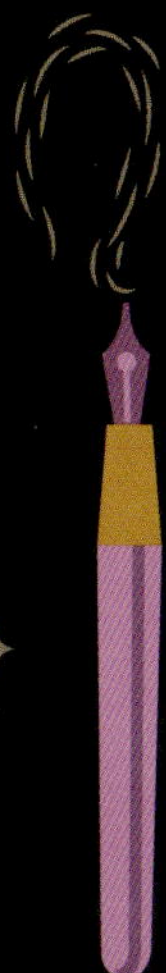

Usar perguntas-modelo é uma forma prática de estruturar seu trabalho da sombra.

Ao usar essas perguntas-modelo, é importante responder às questões de maneira honesta. Em geral, a sua primeira resposta é a mais sincera.

Usar perguntas-modelo no trabalho da sombra não é fácil, mas pode revelar dons que foram reprimidos por anos e que você desconhecia.

TRABALHO DA SOMBRA: *Tiragem de Tarô e Oráculo*

A cartomancia, ou o uso de cartas de tarô e oráculos, pode ser uma ferramenta útil para o trabalho da sombra. Usar a cartomancia em jogos criados de modo específico para o trabalho da sombra pode ser útil sobretudo se você estiver tendo dificuldades para saber por onde começar – a cartomancia oferece uma orientação estruturada que pode fornecer um ponto de partida sólido; pode nos conectar com o nosso subconsciente e extrair de nossas sombras tudo o que nos ajuda a nos compreendermos melhor.

Usar tiragens de tarô e oráculos dessa maneira caminha lado a lado com a prática do diário, pois as cartas que você tira podem oferecer um ponto de partida para que comece a explorar os temas que traz à tona. No entanto, as cartas de tarô e os oráculos não precisam fazer parte de um jogo elaborado para iluminar sua percepção. Quando se deparar com um bloqueio, você pode fazer uma pergunta simples como "Qual questão está causando esse bloqueio?" e, em seguida, tirar uma carta. Você pode usar a informação que a carta fornecer para tentar explorar por baixo da superfície do obstáculo, para tentar entender o que de fato está por trás dele. Também é possível fazer o mesmo quando perceber que há um gatilho afetando-o ou fazendo perguntas como "Por que isso está me afetando?" ou "O que está causando este gatilho?", antes de tirar uma carta e explorar a resposta por meio do diário.

5. Como posso confrontar esse medo?

Tiragem para superar obstáculos

1. O que me impede de progredir?
2. Por que isso está bloqueando meu caminho?
3. Quais questões mais profundas vem à tona?
4. Como posso lidar com essas questões?
5. Quais aspectos da minha sombra preciso confrontar para progredir?

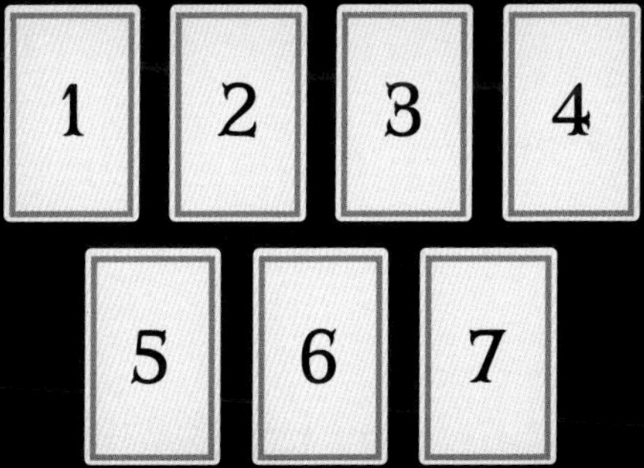

Tiragem para explorar a sua sombra

1. Em que aspecto da minha sombra preciso me concentrar no momento?
2. Nesse aspecto, em quê preciso me concentrar?
3. O que precisa ser liberado para facilitar a cura?
4. Como posso fazer isso da melhor forma?
5. Quais verdades cruéis preciso reconhecer para auxiliar meu processo de cura?
6. Qual lição posso aprender examinando esse aspecto da minha sombra?
7. Como posso usar essa lição e essas informações em auxílio à minha vida no momento?

ERVAS E CRISTAIS PARA O TRABALHO DA SOMBRA

EUCALIPTO
Traz clareza e calma.

PEDRA DA LUA NEGRA
Uma pedra poderosa que promove a mudança e a transformação.

SÁLVIA COMUM
Reduz o estresse e acalma.

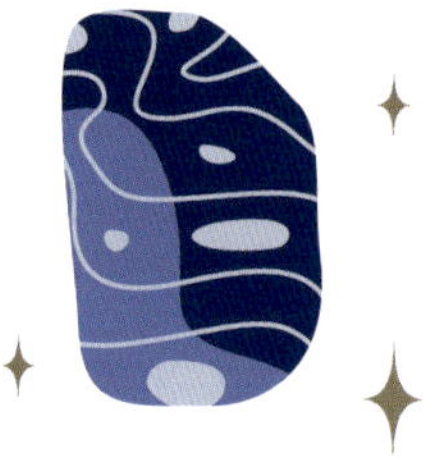

LÁPIS-LAZÚLI
Ajuda a compreender sua sombra, a se curar e a reivindicar seu poder.

PASSIFLORA
Traz uma paz profunda e calma em situações de estresse.

ÔNIX
Ajuda a encontrar aterramento, estabilidade e calma quando se sentir sobrecarregado no âmbito emocional.

RAIZ DE BARDANA
Um agente de cura profunda que afasta a negatividade.

AZEVICHE
Ajuda a liberar emoções reprimidas.

CIPRESTE
Estimula a sabedoria interior e nos ajuda a abandonar tudo o que não nos serve mais.

TRABALHO DA SOMBRA: *Cristais e Ervas*

Com certeza, o trabalho da sombra não é fácil. É uma jornada às partes mais profundas de nós mesmos, que agita muitas emoções em seu estado bruto. Usar determinados cristais e ervas pode auxiliar nesse processo.

CRISTAIS

Estes podem ser carregados no bolso ou na bolsa (levo os meus no meu sutiã!), usados em mandalas de cristais, colocados próximo a você ou segurados na mão enquanto você realiza seu trabalho da sombra, como a escrita no diário, a meditação e as leituras de tarô. Cristais como a pedra da lua negra promovem mudança interior e podem trazer empoderamento à sua jornada. É uma boa pedra para ter consigo quando explora sua sombra, pois traz poder e amplia a agilidade mental, facilitando o processamento das emoções que surgirem.

É importante estar aterrado durante esse processo. Cristais como ônix, turmalina negra e hematita são bons para carregar no bolso ou num saquinho, para ajudar a equilibrar sua energia. Azeviche é uma pedra de proteção e purificação que ajuda a liberar emoções reprimidas; mas, cuidado, ele pode liberar emoções reprimidas demais de uma só vez, quase como se abrisse todas as comportas. Tome o tempo que precisar para processar cada emoção que essa pedra ajudar a emergir. O azeviche é um bom cristal para usar durante o trabalho da sombra, mas não recomendo levá-lo com você. Para ajudar a curar as feridas que o trabalho da sombra expõe, cristais como lápis-lazúli, selenita e quartzo rosa podem trazer uma energia de cura que nos auxilia a compreender melhor nossa sombra.

ERVAS

As ervas podem ser usadas como apoio ao seu trabalho da sombra de muitas formas. Podem ser queimadas como incenso, transformadas em tinturas, levadas em saquinhos de feitiços, usadas em óleos essenciais, e algumas podem até ser consumidas como chá. Uma combinação de lavanda, alecrim, camomila, mirra e passiflora queimada como incenso pode ajudar muito a criar uma atmosfera calma ao se realizar um trabalho da sombra como escrever no diário ou meditar. A lavanda também pode ser queimada como um óleo essencial para o mesmo fim. Eucalipto e cipreste também são excelentes para ser usados como óleos essenciais; o eucalipto pode ser colocado sobre os seus pontos de pulsação para ajudá-lo a encontrar clareza e força enquanto segue a sua jornada sombria, e você pode untar a testa com óleo essencial de cipreste para ajudá-lo a abandonar tudo o que não o serve. Podemos usar raiz de bardana desidratada para fazer um chá. É um agente de cura profunda e, usado com camomila e erva-cidreira, cria o chá perfeito para tomar durante o trabalho da sombra. Na forma de chás e incensos, é possível usar ervas para criar uma atmosfera que dá apoio, bem como nos ajuda a explorar o nosso interior.

TRABALHO DA SOMBRA: AUTOCUIDADO

O autocuidado é uma parte essencial da preparação para o trabalho da sombra.

Engloba cuidar do próprio bem-estar emocional, físico e mental.

O autocuidado nos coloca no estado mental e emocional perfeitos para efetuar o trabalho da sombra.

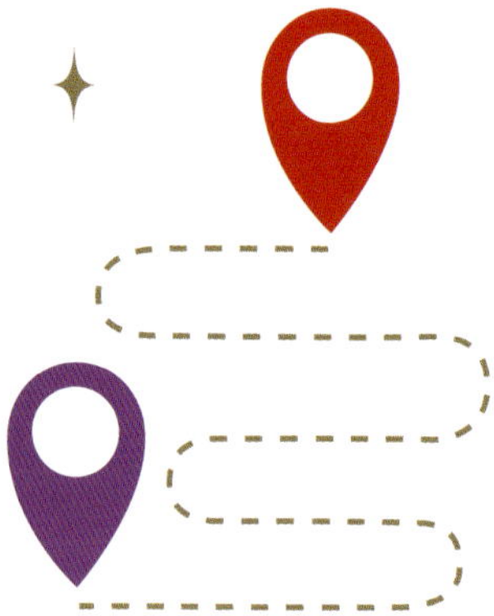

O autocuidado pode ser praticado de muitas formas, então, é importante descobrir quais funcionam para você e para a sua jornada.

Meditação, visualização, feitiços e rituais de banho são apenas algumas das diversas formas de praticar autocuidado.

TRABALHO DA SOMBRA: *Autocuidado*

Ao realizar o trabalho da sombra, é essencial zelar por si de maneira adequada. O autocuidado é vital, pois apoia todo o processo de sua jornada interior. O trabalho da sombra pode ser difícil por si só, mas, sem se preparar previamente, a jornada será muito mais difícil. O autocuidado, num nível mais profundo, trata de cuidar da própria mente e das emoções com o intuito de ficar no estado adequado para efetuar o trabalho da sombra. Amor-próprio também é importante, porque cria uma base sólida sobre a qual o trabalho interior pode ser construído.

Meditação para o amor-próprio

1. Sente-se num lugar confortável e, caso tenha à disposição, segure um pedaço de quartzo rosa na mão durante o ritual. Não se preocupe se não tiver a pedra disponível; você ainda pode fazer a meditação sem ela.
2. Aterre e centralize a sua energia voltando a sua atenção ao chakra cardíaco, que fica no meio do tórax. Esse chakra é o centro do amor e da cura do corpo, então, ao ativá-lo, podemos auxiliar a ampliação de sentimentos de amor dentro de nós. Ele é a base desse ritual de amor-próprio.
3. Quando estiver pronto, traga o foco para a sua respiração. Cada vez que inspirar, visualize-se aspirando a energia do ambiente e, quando expirar, seu chakra cardíaco começará a se ampliar. Visualize isso na forma de uma luz branca e radiante, assim, toda vez que expirar, essa luz ficará cada vez mais forte e brilhante conforme o seu chakra cardíaco for fortalecido. Continue fazendo isso num ritmo de respiração que seja natural para você, até que se preencha de luz por completo. Quando estiver cheio, visualize a luz transbordando lentamente no espaço em que está sentado a cada expiração, até que o ambiente todo esteja repleto de luz. Se, em algum momento, você sentir uma resistência ao amor crescente, direcione essa energia ao seu chakra cardíaco, onde ela será diluída e transformada em luz.
4. Quando o ambiente todo for preenchido pela luz, inspire e expire lentamente, dizendo em voz alta "Sou digno, sou capaz, sou forte, sou confiante, sou amado!". Além de dizer as palavras, sinta-as. Conforme vai proferindo tais palavras, sinta o amor no ambiente envolvendo-o e apoiando-o à medida que insufla suas palavras com amor. Repita as afirmações de novo e de novo. Faça isso pelo tempo que achar necessário para se fortalecer com essa energia amorosa. Se tiver usado uma pedra de quartzo rosa no ritual, mantenha-a consigo como um talismã.

LIBERAÇÃO EMOCIONAL
e Rituais de Cura

Se o trabalho da sombra ficar pesado demais e você se sentir sobrecarregado, este simples ritual poderá ajudá-lo a reequilibrar sua energia.

Ritual de liberação emocional

Vamos precisar de:

- 1 vela verde ou branca (para cura emocional)
- 1 vela preta ou branca (para liberação)
- Cristais – 1 pedra de azeviche (para liberação) e quartzo rosa (para suavizar a liberação emocional e substituir energias indesejadas por amor)
- papel e caneta
- 1 prato resistente a altas temperaturas
- alecrim desidratado e pétalas de rosa

1. Primeiro, faça a limpeza de suas ferramentas e de seu espaço.
2. Quando estiver pronto, acenda as velas e segure o azeviche e o quartzo rosa na mão. Sente-se por um instante. Pense nas emoções que está sentindo agora – o que você quer liberar? Talvez sejam suas emoções a respeito de uma situação, de pessoas ou de um evento ou talvez sejam determinados sentimentos, como raiva ou ansiedade. Deixe os cristais de lado e escreva num papel tudo o que deseja liberar, da forma mais detalhada possível, para que a sua intenção seja focada. Enquanto faz isso, permita-se chorar, se precisar – pode ser uma excelente forma de liberação.
3. Quando estiver pronto, num prato resistente a altas temperaturas, queime o papel por completo até que vire cinzas, conforme visualiza a si mesmo começando a liberar as emoções registradas no papel. Enquanto ele queima, jogue um pouco de alecrim desidratado nas chamas para auxiliar a liberação emocional e pétalas de rosa para auxiliar a cura.
4. Ao final, recolha as cinzas quando tiverem esfriado. Coloque-as na palma da mão. Leve o tempo que precisar e, quando se sentir pronto (faça essa etapa numa área externa), sopre as cinzas da palma da mão, pelo ar.
5. Deixe que as velas queimem por completo para completar o ritual.

BANHO RITUAL PARA CURA EMOCIONAL

Vamos precisar de:
lavanda, erva-cidreira, camomila e tília (se tiver pele sensível ou tendência a reações alérgicas, faça um teste numa área pequena da pele antes de realizar qualquer banho ritual)
quartzo rosa e ametista
1 vela verde

Coloque todos os ingredientes soltos numa banheira com água quente ou num saquinho de algodão e use-o como um saquinho de chá, para evitar um entupimento no ralo. Coloque o quartzo rosa e a ametista na água (são resistentes à água), ou deixe-os ao lado da vela verde, para simbolizar a cura emocional.

ENERGIA =
MUDANÇA
MUDANÇA =
CRESCIMENTO

9

TÉCNICAS DE EQUILÍBRIO ENERGÉTICO

As técnicas mágicas de respiração, meditação, aterramento e visualização formam a base da Bruxaria. Talvez você já esteja familiarizado com essas técnicas, porque não são habilidades relacionadas apenas ao exercício da Prática. Se não estiver familiarizado com essas práticas, saiba que é bem fácil aprender o básico. Quando bem compreendidas e exercitadas, as técnicas de respiração, meditação, aterramento e visualização nos habilitam a controlar nossa energia, nossa mente e nosso corpo, e isso é fundamental para qualquer tipo de magia. A magia é, em sua essência, a prática de usar a própria energia para manipular as forças naturais ao redor, com o intuito de trazer mudanças ao nosso meio. Ter mais controle sobre a energia pessoal proporciona um resultado mais bem-sucedido dos feitiços e promove habilidades para controlar e direcionar essa energia para onde é necessária.

Essas técnicas não servem apenas para a magia; servem também para o autocuidado. O aterramento é um meio de estabilizar a sua energia e se conectar às energias da Terra ao seu redor. Se bem praticado, pode trazer um senso de equilíbrio interior. Técnicas de respiração bem executadas são muito úteis para o autocuidado e podem nos proporcionar maior sensação de calma. A meditação nos ajuda a alcançar um estado de relaxamento profundo, e a visualização melhora a concentração e reduz a ansiedade.

TÉCNICAS DE RESPIRAÇÃO

A respiração é a energia que flui através do corpo. É a força da vida em si. Pode parecer estranho dedicar uma seção a um tema tão natural para nós quanto o ato de respirar, mas a maioria das pessoas não respira da forma correta. Para a maior parte das pessoas, a respiração tende a ser superficial e a vir do peito (conhecida como respiração torácica), em vez de vir da barriga, mas uma boa técnica incluiria ambos os modos, tanto a respiração pelo tórax quanto pela barriga. A respiração correta deve, como se espera, vir da barriga, em princípio, e, então, insuflar o peito e, em seguida, a área ao redor da clavícula – assim, preenchemos os pulmões por completo de baixo para cima em vez de usar apenas a parte superior.

Controlar a respiração permite que controlemos parte de nosso corpo físico e de suas funções, e nos coloca em contato com nossa energia. Isso é importante ao lançar feitiços, mas também pode ter um impacto em nosso senso de bem-estar, o que traz uma sensação de calma e reduz a ansiedade, além de ajudar a nos centralizar e equilibrar a nossa energia. Também pode ser útil na remoção de bloqueios espirituais dentro do corpo e da mente.

As técnicas de respiração tratam da capacidade de usar a respiração de forma consciente para controlar a mente e entrar num estado de consciência diferente. Se você pratica yoga, talvez isso já soe familiar; é uma técnica que traz muitos benefícios, tanto mundanos quanto mágicos. Há diversos tipos de técnicas de respiração, mas veja as duas apresentadas a seguir.

Respiração 4-7-8

1. Inspire pelo nariz durante 4 segundos.
2. Segure a respiração por 7 segundos.
3. Expire pela boca durante 8 segundos.
4. Repita este ciclo pelo menos quatro vezes.

Respiração quadrada ou 4-4-4-4

Se estiver almejando elevar a sua energia, essa é uma ótima técnica para executar antes de um feitiço ou um ritual, pois desacelera os batimentos cardíacos. Isso faz que nos sintamos mais relaxados, mas também aguça a concentração, para que possamos focar a energia e a atenção na magia.

1. Libere todo o ar dos pulmões e prenda a respiração por 4 segundos.
2. Respire pelo nariz por 4 segundos.
3. Segure a respiração por mais 4 segundos.
4. Expire pelo nariz por 4 segundos.
5. Repita este ciclo pelo menos de 4 a 5 vezes.

Concentre-se nesta imagem ao praticar sua técnica de respiração e imagine seus pulmões se enchendo de ar fresco.

Se não puder acender uma vela, ou se estiver fora de casa e precisar se aterrar, concentre-se na vela neste livro, imaginando as chamas tremeluzindo com suavidade.

MEDITAÇÃO

A meditação é uma prática muito antiga de bem-estar, associada a diversas tradições espirituais. É um termo do qual muitos de nós já ouvimos falar, e muitas pessoas já a praticam de uma forma ou de outra. A meditação pode ser praticada como parte de um caminho religioso ou espiritual, ou até mesmo como *mindfulness* secular. O mais legal é que qualquer um pode meditar, mas leva tempo para aprender. A palavra-chave é consistência: para aprender, é preciso separar um tempo para a prática todos os dias. Quando se inicia, 5 a 10 minutos de meditação por dia é um bom tempo para começar. Treinar a mente para pensar desse modo demanda tempo, então, seja paciente consigo mesmo e com o processo e persista.

Não se preocupe se, em princípio, tiver dificuldades para controlar os pensamentos – ao contrário do que muitos imaginam, meditar não é esvaziar a mente de qualquer pensamento; meditar nos dá espaço para reconhecermos o que sentimos e pensamos, e nos leva a treinar a mente para deixar que os pensamentos passem por nós. A meditação é importante para a prática de Bruxaria, pois ajuda a desenvolver maior senso de consciência de nossas energias e da energia do ambiente ao nosso redor. Meditar com frequência pode aumentar nosso senso de intuição, pois o estado de relaxamento permite que nos conectemos com nosso eu mais elevado sem sermos impedidos pelos pensamentos do dia a dia.

Organizar o ambiente para a meditação é essencial, e estar confortável é importante. Algumas pessoas gostam de acender incenso e velas, outras gostam de tocar sons repetitivos como cânticos ou instrumentos de percussão. Não importa o que escolha, faça o que parecer melhor para você.

Uma maneira simples de induzir um estado meditativo, que gosto muito de usar, é acender uma vela ou um incenso e me concentrar na chama e na fumaça com o máximo de atenção que conseguir. Usar a técnica de respiração 4-4-4-4 (ver p. 164) também pode ajudar a alcançar um estado de relaxamento se ela for repetida por alguns minutos. Quando estiver nesse estado mental, permita que seus pensamentos passem por você – não os julgue nem se apegue a eles. Se perceber que está pensando, interrompa seus pensamentos e, então, permita que sigam por sua mente. Observar as sensações em nosso corpo ou focar um objeto enquanto estamos no estado meditativo são bons meios de manter a atenção e a concentração.

VISUALIZAÇÃO

Esta é a técnica em que usamos a imaginação para gerar imagens no olho da mente. É algo que todos nós fazemos de um modo ou de outro, muitas vezes, sem pensar. Na Bruxaria, a visualização é usada para imaginar tudo o que desejamos manifestar no mundo físico. É uma habilidade natural, com a qual nascemos, mas, conforme ficamos mais velhos, podemos perder a capacidade de visualizar tão bem quanto antes. A boa notícia é que a visualização é uma habilidade que jamais se perde por completo, mesmo em quem não se considera uma pessoa muito visual.

A visualização é uma técnica importante para a prática de rituais e feitiços. À medida que ampliamos a energia, podemos direcioná-la para onde quisermos. Isso aproxima as nossas intenções da realidade e concentra a energia do nosso feitiço, reforçando as nossas atividades. Praticar visualização antes e durante os feitiços também nos alinha com as exatas intenções que temos para nossa magia, intensificando seus efeitos.

Um exercício simples de visualização melhora nossas habilidades se for praticado com frequência.

Visualização da maçã

1. Vamos precisar apenas de uma maçã (mas qualquer fruta serve). Segure-a nas mãos – veja sua aparência, sinta sua textura, sua cor e quaisquer outros pequenos detalhes que chamem sua atenção.
2. Coloque a maçã à sua frente e feche os olhos.
3. Imagine-a em sua mente. Qual era a sensação ao tocá-la? De que cor ela era?
4. Quando tiver a maçã no olho da mente, chegue bem perto dela. O que você vê? Há detalhes sobre a superfície que não havia notado antes?
5. Chegue ainda mais perto. O que você vê? Observe os detalhes no olho da mente.
6. Em seguida, afaste-se a uma distância confortável e, então, visualize a maçã girando lentamente, de modo que possa vê-la do topo e da parte inferior.
7. Abra os olhos. Corte a maçã ao meio e feche os olhos de novo. Visualize a maçã na mente, mas, dessa vez, cortada ao meio. Como é o seu interior? Que cheiro ela emana? Passe algum tempo observando cada detalhe.
8. Agora, pegue um pedaço da maçã e dê uma mordida. Como é o sabor? É doce? Azedo? Passe algum tempo saboreando-a.

Exercite sua visualização concentrando-se nesta maçã e pratique as etapas da página anterior usando somente a imaginação pura.

ATERRAMENTO

O aterramento é um meio de meditação que ajuda a manter a mente no momento presente, conectando-nos ao nosso corpo físico e às energias da Mãe Terra. Para uma Bruxa, é uma das maneiras mais importantes de receber energia da Terra e de liberar qualquer excesso de energia que talvez carreguemos. O aterramento também é uma das ferramentas mágicas de autocuidado mais importantes no arsenal de uma Bruxa. Pode ser usado para restaurar o senso de equilíbrio quando nos sentimos sobrecarregados por nossos pensamentos e nossas emoções, além de promover a calma e aliviar a ansiedade.

Muitas Bruxas (inclusive eu) aterram-se antes de qualquer ritual ou feitiço para equilibrar sua energia e focar a concentração no momento presente e na magia ali disposta. O aterramento é uma técnica boa para ser aplicada depois dos feitiços também, como um meio de liberar a energia em excesso que possamos ter absorvido durante as atividades mágicas.

É uma técnica relativamente fácil de aprender, e há muitas formas de praticá-la; então, escolha o método que parecer melhor para você. Meu método favorito de aterramento é fazer um exercício simples, que me conecta às energias da Terra. Como é um exercício de visualização, pode ser feito em qualquer lugar, embora eu ache mais eficaz praticá-lo em algum lugar sossegado, numa área externa.

Exercício de aterramento

1. Sente-se em algum lugar sossegado, com os pés no chão. Comece respirando fundo pelo nariz e expirando pela boca.
2. Quando estiver pronto, imagine que é uma árvore, forte e ereta, orgulhosamente fixada ao chão.
3. Leve a sua consciência aos pés e observe como eles parecem estar ancorados com firmeza ao chão.
4. Imagine que tem raízes que se estendem das solas dos pés ao interior da Terra.
5. Visualize essas raízes conforme penetram o solo, alastrando-se para baixo e para os lados, conforme se fixam à Terra.
6. A cada expiração, empurre toda a energia excessiva ou indesejada para baixo, passando por seu corpo em direção aos pés e saindo pelas raízes.
7. Aos poucos, sinta todo o estresse ou a tensão saindo de seu corpo, começando pela cabeça, depois, passando pelos ombros, pelo peito, pela barriga, pelos quadris e, por fim, pelas pernas.
8. Continue empurrando para baixo, até sentir que essa energia foi liberada.
9. Para repor a energia perdida, agora, visualize suas raízes absorvendo uma energia límpida do solo. Sinta uma luz entrar por seus pés, subir pelas pernas e preencher lentamente o corpo todo.
10. Permita que a energia da Terra crie um sentimento de equilíbrio e bem-estar. Concentre-se nesse sentimento pelo tempo que julgar necessário.

Concentre-se nesta árvore imponente para fazer o exercício de visualização da página anterior.

Conclusão

A energia é a ferramenta mais importante e poderosa de que dispomos. É fundamental para a prática da Bruxaria e essencial para nosso senso de bem-estar. Cuidar bem da nossa energia nos permite crescer, florescer e nos alinhar aos domínios mais elevados da consciência. Essa atitude pode proteger a nossa energia como pessoa empática, bem como nos levar a compreender a nossa sombra por meio do autoconhecimento. Também podemos trabalhar com o corpo, lembrando-nos de que, assim como o mundo natural passa por suas estações, nossas energias pessoais também passam.

Espero, sinceramente, que este livro o tenha ajudado a se conectar com sua energia, com seus ritmos e com as diversas formas naturais e mágicas que podemos usar para cuidar de nós mesmos. Também espero que ele o incentive a incorporar mais magia da Terra à sua prática e a se conectar com o mundo natural à sua volta. A Terra não se resume apenas ao solo sob nossos pés; ela engloba as dádivas da Mãe Natureza, como os cristais, as ervas, as árvores, as flores, os sais, as resinas, assim como os quatro elementos e as estações. Seu caminho é só seu, então, cabe apenas a você escolher como trilhá-lo em sua Prática; no entanto, o melhor guia que você pode ter é a sua intuição.

Leituras Adicionais

ASTROLOGIA

Skye Alexander. *Magickal Astrology*.

Steven Forrest. *The Inner Sky*.

Judy Hall. *A Bíblia da Astrologia*. São Paulo: Pensamento, 2008.

Joanna Martine Woolfolk. *The Only Astrology Book You'll Ever Need*.

CRISTAIS

Scott Cunningham. *Crystal, Gem & Metal Magick*.

Karen Frazier. *The Book of Crystal Spells*.

Ember Grant. *O Livro Mágico dos Cristais*. São Paulo: Pensamento, 2018.

Judy Hall. *A Bíblia dos Cristais* (1, 2 e 3). São Paulo: Pensamento, 2008, 2010, 2015.

ADIVINHAÇÃO

Scott Cunningham. *Divination for Beginners*.

Liz Dean. *The Divination Handbook*.

Brigit Esselmont. *The Ultimate Guide to Tarot Card Meanings.*
Robyn Valentine. *Magickal Tarot.*

CUIDADOS PARA PESSOAS EMPÁTICAS

Tanya Carroll Richardson. *Self-Carre for Empaths.*
Sydney Campos. *The Empath Experience.*
Aletheia Luna e Mateo Sol. *Awakened Empath.*
Judith Orloff. *The Empath's Survival Guide.*
Judith Orloff. *Thriving as an Empath.*

BRUXARIA VERDE

Arin Murphy-Hiscock. *The Green Witch.*
Paige Vanderbeck. *Green Witchcraft.*
Juliet Diaz. *Plant Witchery.*
Scott Cunningham. *The Encyclopaedia of Magikal Herbs.*
Judy Ann Nock. *The Modern Witchcraft Guide to Magickal Herbs.*

BRUXARIA NÃO WICCANA

D. E. Luet. *A Witch's Book of Shadows.*
Lindsay Squire. *Bruxaria Verde*. São Paulo: Pensamento, 2022.

TRABALHO DA SOMBRA

Aletheia Luna e Mateo Sol. *The Awakening Process.*
Mathew Micheletti. *The Inner Work.*
Morgue. *The Path of Shadow: Self and Universal Completion.*
Connie Zweig. *Ao Encontro da Sombra*. São Paulo: Cultrix, 2023.

BRUXARIA TRADICIONAL

Gemma Gary. *Traditional Witchcraft: A Book of Cornish Ways.*
Gemma Gary. *The Black Toad.*
Edain McCoy. *Sabbats: A Witch's Approach to Living the Old Ways.*
Nigel G. Pearson. *Wortcunning: A Folk Magick Herb.*
Nigel G. Pearson. *Walking the Tides: Seasonal Rhythms and Traditional Core in Natural Craft.*

WICCA

Margot Adler. *Drawing Down the Moon.*
Diane Ahlquist. *Moon Spells.*
Skye Alexander. *The Modern Guide to Witchcraft: Your Complete Guide to Witches, Covens and Spells.*
Deborah Blake. *Everyday Witchcraft.*
Raymond Buckland. *O Livro Completo de Bruxaria de Raymond Buckland*. São Paulo: Pensamento, 2019.
Laurie Cabot. *Power of the Witch.*
Scott Cunningham. *Wicca: A Guide for the Solitary Practitioner.*
Gail Duff. *The Wheel of the Wiccan Year.*
U. D. Frater. *Practical Sigil Magick.*
Marian Green, *A Witch Alone.*
Ellen Hawke. *In the Circle: Crafting a Witches' Path.*
Lidia Pradas. *The Complete Grimoire.*
Lidia Pradas. *The Path of the Witch.*
Doreen Valiente. *Where the Witch Lives.*

ÍNDICE REMISSIVO

Agradecimentos

Gostaria de agradecer a todas as pessoas envolvidas na transformação deste livro em realidade. Vocês realizaram meu sonho de me tornar uma autora publicada. Sou realmente muito grata à todas as pessoas da Leaping Hare Press por seu trabalho árduo, sobretudo a Chloe, a Mel e a Lydia, bem como a Viki, que deu vida às minhas palavras com suas belíssimas ilustrações.

Também gostaria de agradecer à minha família e aos meus amigos, em especial, à minha mãe e ao meu pai, meu querido marido, Rae, Viv, Len, vovó Mavis e a minha irmã Rachel. Mal posso expressar minha gratidão por todo o apoio, o amor e o incentivo e por sempre acreditarem em mim quando nem eu mesma acreditava.

Agradeço, ainda, à maravilhosa comunidade Witch of the Forest no Instagram, por sempre ser uma fonte de apoio e amor e por caminhar ao meu lado em minha jornada.